Renate Bergmann, geb. Strelemann, wohnhaft in Berlin. Trümmerfrau, Reichsbahnerin, Haushaltsprofi und vierfach verwitwet: Dahinter steckt Torsten Rohde, Jahrgang 1974, der in Brandenburg/Havel BWL studierte und als Controller gearbeitet hat. Sein Account @RenateBergmann entwickelte sich zum Internet-Phänomen. Seine bisherigen drei Bücher waren große Erfolge und standen mehrere Monate auf der Bestsellerliste.

«Auch nach der Offenbarung durch das Buch stärkt die Kunstfigur Renate Bergmann den Dialog zwischen den Generationen: Sie nimmt ihr Alter mit Humor – und die Jungen auf die Schippe.»
*MDR Info*

Renate Bergmann ist die Oma, die wir alle haben, hatten oder gern hätten: liebenswert, schrullig, ein bisschen anstrengend und von altmodischem Charme. Aber auf jeden Fall zum Knuddeln.

**RENATE BERGMANN**

# Wer *erbt*, muss auch GIESSEN

Die **Online-***Omi* teilt auf

Rowohlt Taschenbuch Verlag

Originalausgabe
Veröffentlicht im Rowohlt Taschenbuch Verlag,
Reinbek bei Hamburg, August 2016
Copyright © 2016 by Rowohlt Verlag GmbH,
Reinbek bei Hamburg
Umschlaggestaltung any.way, Barbara Hanke / Cordula Schmidt
Illustration Rudi Hurzlmeier
Gesamtherstellung CPI books GmbH, Leck, Germany
ISBN 978 3 499 27291 2

**Guten Tag,**

diesmal verrate ich aber nicht, wer hier schreibt. Sie wissen das bestimmt auch so, es steht ja auf dem Deckel vom Buch drauf. «RENATE BERGMANN». Huch, nun habe ich es doch getippt ... aber es ist ja auch in Ordnung, Sie sollen ruhig wissen, wer Ihnen hier Geschichten aus ihrem Leben erzählt.

Wissen Se, es ist ja ständig was. Immer, wenn man denkt, jetzt ist mal ein bisschen Ruhe, die nächsten Wochen lege ich die Füße hoch und lese ein schönes Buch oder wage mich an das neue Muster für die Häkelstola, das Ilse aus der Handarbeitszeitung bei ihrer Augenärztin gemopst hat, dann passiert wieder was. Wenn ich eins gelernt habe im Leben, dann das: Wenn man sich erst mal damit abgefunden hat, dass nichts bleibt, wie es ist, dann lebt es sich leichter.

Bevor wir jetzt loslegen, stelle ich Ihnen mal meine Leutchen vor. Ganz kurz nur, ich will Sie schließlich nicht langweilen.

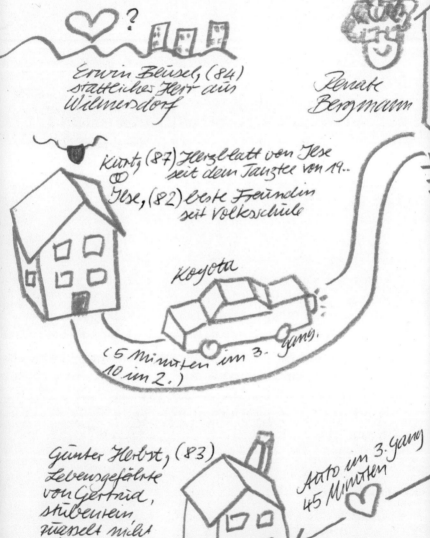

Kirsten, (50)
(meine Tochter,
weit genug weg)

Doris Meiser (48, Sekretärin)
Jennie Dieter Meiser (16, bereits Vater)
Maija Berber (Milk 30, loxes Weibsbild)
Jennie Dieter Berber
(Bengel, spielt mit Hündli)

S-Bahn
(4 Stationen =
15 Minuten)

Gertrud Potter, (82)
beste Freundin
seit Kindertagen

Stefan (30)
Ariane (30)
Lisbeth (fast 1)
Stefan ist mein
Neffe und mit
beiden Fräuleins
eine richtige Familie

Norbert
(junger
Dober-
schnautzer-
stubentein)

Gucken Se, ich bin jetzt 82, und ich muss sagen, dass ich viel Glück hatte im Leben – vier Ehemänner habe ich überlebt, die Hüftoperation letzten Sommer und sogar den «Musikantenstadl». Da kann ich froh sein, dass ich noch so gut allein zurechtkomme und auch noch klar im Oberstübchen bin. Trotzdem muss man der Tatsache ins Auge schauen, dass da vielleicht nicht mehr viel kommt. Vielleicht zwei Jahre, vielleicht fünf, wenn ich Glück habe, zehn. Gehen Se davon aus, dass ich noch ordentlich Rambazamba machen werde, solange ich hier bin, aber für den Fall der Fälle, dass der da oben mich zu sich ruft ... Ich habe mich in den letzten Wochen um mein Testament gekümmert. Das ist kein Thema, über das man sich gern Gedanken macht. Man schiebt das lange auf die Seite. «Willste erben, muss einer sterben», so heißt es, und wer redet schon gern über den Tod? Aber es gehört dazu, und wenn man älter wird, muss man sich damit befassen, ob man will oder nicht. Schließlich möchte man seine Dinge gut geregelt wissen, wenn es dereinst so weit ist. Dann muss das Testament eben auch angegangen werden. Da ist eine Renate Bergmann eine Frau der Tat. Auch unangenehme Themen muss man offen ansprechen. Bei mir wird nicht lange gefackelt, sondern gehandelt. Da heißt es gucken, dass die Zähne drin sind, Augen zu und durch.

Alles fing damit an, dass meine Tochter Kirsten Geld wollte. Ich habe mich erst mal schwerhörig gestellt, um Zeit zu gewinnen – wissen Se, das machen wir älteren

Damen manchmal so, das verrate ich jetzt einfach mal. Wenn eine unangenehme Frage kommt, warte ich erst mal eine Minute ab und tue so, als hätte ich nichts gehört. Wenn derjenige dann noch mal nachhakt und ich noch immer keine kluge Antwort weiß, lächle ich, halte die Hand ans Ohr und frage «Bitte?». Wichtig ist, dass man lächelt und ein Stück zurückweicht, denn meist brüllen se einem die Frage noch mal so laut entgegen, dass es dröhnt.

Aber jetzt bin ich schon mitten beim Erzählen, und dabei wollte ich Ihnen doch nur «Guten Tag» sagen und Ihnen viel Vergnügen beim Lesen wünschen …

Das mache ich dann jetzt auch. Lassen Se uns loslegen.

Viel Freude wünscht

Renate Bergmann

———————Kinder sind wie **GRIECHENLAND**:
Erst nehmen sie gerne das Geld,
und dann gehen se
**UNDANKBAR** ihrer Wege ———————

**Wenn diese Weganer immer auf ihren Körnern rumkauen, könnte ich weinen. Was man aus dem schönen Korn nicht Leckeres brennen könnte!**

Letztes Ostern gab es kein Entrinnen: Kirsten kam auf Besuch. Ich habe gelernt, dass es gar nichts bringt, sich da noch rauszuwinden. Sie kommt doch, wenn sie will. Um Ausreden bin ich bestimmt nicht verlegen und kenne jeden Trick, aber Kirsten ist eben meine Tochter – sie hat einen gewissen Biss und lässt sich nichts vormachen. Der Apfel fällt eben nicht weit vom Stamm.

Also diskutierte ich nicht lange, sondern machte eine ganz klare Ansage, wie Stefan das immer nennt: Sie sollte mir mit ihrer Weganesserei kein Theater machen! Wissen Se, ich stehe von früh bis spät in der Küche und begieße das Lamm, rasple den Rotkohl und rolle die Klöße – und dann doppelte Arbeit, weil das Fräulein kein Lamm isst? Lamm ist so lecker, ich verstehe das nicht. Das kriegt nur Gras und Kartoffeln bei Schäfer Hacksler, das ist doch wegan! Das Mädel hat sich da dumm, nee. Man hat keine Worte! Ich habe jedenfalls gesagt, sie soll nicht erwarten, dass ich ihr extra Rouladen mache, nur weil sie kein Lamm isst – aber das war der Dame auch nicht recht. «Rouladen erst recht nicht, Mama», hieß es. So was. Nee. Meine Männer haben sich alle zehn Finger geleckt nach meinen Rouladen! Nun gut, außer Franz, der hatte seit dem Unfall mit dem Schlachtermesser nur noch acht Finger, aber Sie wissen schon, was ich meine.

«Du musst eben gucken, dass du von dem was isst, was es gibt, Kind», habe ich klipp und klar gesagt. «Ich stelle mich nicht extra hin und mache noch großen Bahnhof.» Sie hätte Rotkohl und Grünkohl essen können mit ein bisschen Soße und Klößen, aber das wollte sie auch nicht. Sie hielt mir einen Vortrag und machte ein Gezeter, weil ich ein BISSCHEN Gänseschmalz an den Rotkohl mache. Gottchen, ja! Aber so schmeckt es doch kräftiger. Was glaubte das Kind denn, woher der Geschmack kommt? Von welken Gänseblümchen ja wohl nicht. Und ein Stich Butter oder Schmalz muss ran, sonst kann der Körper die Fittamine gar nicht verarbeiten. Kirsten sprach jedoch, ich solle mir keinen Aufwand und keine Gedanken machen, sie hätte ein neues Zaubergerät für die gesunde Ernährung, das Neueste vom Neuesten, das würde sie mitbringen und sich damit selbst versorgen. Ich müsste mich um nichts kümmern.

Wenn ich das schon höre! Das ist wie, wenn Kurt zu Ilse sagt «WIR könnten doch mal wieder Gulasch machen». Wer steht dann in der Küche und rührt in der Pfanne? Es bleibt doch alles an der Hausfrau hängen, egal, was die alten Männer sagen. Oder meine Kirsten.

Dann war es so weit, sie kam angebraust mit dem Auto aus dem Sauerland. Ich hatte schon zwei Wochen vorher angefangen, diese Kapseln mit Johanniskraut zu nehmen. Das entspannt einen, sag ich Ihnen, damit bin ich sogar prima durch die Wechseljahre gekommen. Mit Johanniskraut und Korn würde es schon gehen.

Kirsten sagte gleich bei der Begrüßung, dass ich mir um das Essen wirklich keine Sorgen machen solle, sie hätte alles dabei. Dann lud sie eine große Kiste mit Gemüse und Kräutern aus dem Kofferraum und schleppte zu guter Letzt noch eine Küchenmaschine rein. Ich rückte die Brille zurecht und betrachtete mir das Ding. Es war eine Art Standmixer, der ordentlich was wegschaffte und alles, was man reinwarf, zu einem Brei zermalmte. Ein Smufiemacher. Kirsten pürierte sich damit das Obst flüssig, sagte sie. So ein Blödsinn, sie hat noch alle Zähne und mahlt sich die Äpfel zu Brei … ich weiß nicht, ob das daran liegt, dass Kirsten laut ihrer Frau Dokter besonders ist, oder daran, dass es den jungen Leuten heute einfach zu gut geht. Ich würde jedenfalls sonst was dafür geben, wenn ich wieder kraftvoll in einen Apfel reinbeißen könnte, statt ihn gerieben zu schnabbulieren. Diese jungen Dinger haben es zu leicht, sage ich Ihnen.

Kirsten sprach mit einer Bewunderung von der Maschine, als könnte sie Rheuma heilen oder zum Mond fliegen. Ich habe es mir genau erklären lassen: Erst zerrührte Kirsten reifes Obst und Gemüse jeglicher Art zu Pamps damit, und dann füllte sie mit Apfelsaft auf, bis alles halbwegs flüssig war. Natürlich Bio-Apfelsaft. Der sieht aus wie Morgenurin, wussten Sie das? Ich habe die Maschine erst mal gut sauber gemacht, nachdem Kirsten mit ihrer Vorführung fertig war – wissen Se, bei diesen Geräten ist das ja immer ganz verrückt: Zwei Minuten benutzt man sie, und eine halbe Stunde putzt man sie. Der Grint setzt sich in den Schlitzen und Ecken ab, da müssen Se dann mit der Zahnbürste ran. Aber ich habe meine Tricks. Ich füllte sie bis zur Hälfte mit Wasser auf und gab einen Teelöffel Waschpulver dazu. Dann drückte ich auf «SPRUDEL» – also, eigentlich stand da «POWA» und nicht «SPRUDEL», aber so kann ich es mir besser merken – und das Gerät machte einen Schaum, ach, es war herrlich! Mein Hausfrauenherz hüpfte vor Freude, Johanniskraut hin oder her. Der Smufiemacher blitzte, und das Schaumwasser habe ich in den Ausguss gegeben und gut einwirken lassen. Ich mache das auch mit dem heißen Kartoffelwasser, dann setzt sich nix fest und man hat immer einen reinen Ausfluss. Denken Se sich nur, die Hausverwaltung macht mal Kontrolle und dann riecht es aus dem Ausguss? Nee, ich bin eine reinliche Person. Ich gebe grundsätzlich kein schmuddeliges Zeug in den Ausguss, aber Vorsicht ist die Mutter der Porzellankanne. Kiste.

Wo war ich? Ach ja. Als alles wieder reine war, guckte ich mir den Schredderautomaten genau an. Man musste ja staunen, was für eine Kraft der Apparat hatte! Der machte einen Apfel kurz und klein, und trotzdem ließ er die Fittamine am Leben, sagte Kirsten. Das Mädel musste es wissen. Ich war neugierig geworden und guckte, was es im Kühlschrank Schönes gab, schließlich war die Mittagszeit auch für Kirsten ran. Ich hatte noch Entenklein vom Braten für den Ostermontag … wissen Se, wenn man eine Ente schlachtet, na, dann sind da auch immer die Innereien, der Bürzel, der Hals und die Flüchtel. So was behält man als gute Hausfrau zurück und legt es nicht mit zur Brust und Keule auf die Anrichteplatte, wenn Gäste kommen. Das wird hinterher gegessen. Ich warf den Bürzel in den Mixer, gab einen Klecks Grünkohl dazu – Kirsten hatte gesagt «grüne Smufies sind am gesündesten!» – und füllte mit Möhrensaft auf. Ich musste nicht mal zehn Sekunden drücken, dann war alles samtig weich und flüssig. Ich staunte. Vorsichtig nahm ich ein bisschen davon auf einen Teelöffel und zog ihn durch die Zähne. Ooch, mit ein bisschen Salz und Pfeffer war das gar nicht übel. Da konnte man nicht meckern. Ich hatte auch noch dieses komische arabische Fischgewürz, das Kirsten vom Antiätching am Comer See angeschleppt hatte. Das nehme ich nie. Das riecht nach Blumen und Zimt, aber hier passte es. Ich krümelte ein paar Brösel rein und drückte noch mal kurz SPRUDEL. Kirsten kam zur Küchentür rein. «Was hast du mir denn da Schönes gezaubert, Mama?», fragte sie. Ich konnte gar nicht so schnell antworten, da hatte sie schon einen Löffel im Mund und schmatzte.

«Mmmmmmmh … Mama! Das ist ja lecker! Was hast du da reingetan?» Kirsten kratzte mit dem Teelöffel noch die letzte Neige vom Boden und kam aus dem Schwärmen gar nicht mehr heraus.

«Ach Kind, lass mich mal überlegen ... weißte, eine Hausfrau hat ja keine Rezepte, sondern guckt, was im Kühlschrank ist ... ein Klecks Grünkohl ist drin und Mohrrübensaft, und Gewürze ...»

Den Entenbürzel erwähnte ich nicht. Ich bin 82 Jahre und damit in einem Alter, wo niemand mehr erwarten kann, dass ich mich an jede Kleinigkeit erinnere. Also wirklich.

Das Mädel strahlte vor Glück, und auch ich war gerührt. Das bisschen Wahrheit hätte da nur gestört. Schon Oma Strelemann hat immer gesagt: «Wahrheit ist nur was für Leute, die sie auch vertragen.»

«Mama, das ist mit Abstand der leckerste vegane Smoothie, den ich je getrunken habe!», legte das Kind nach.

So einfach war das also. Einem harmonischen Osterfest stand nichts mehr im Weg.

**Kirsten will Atemübungen gegen unsere Mutter-Tochter-Probleme mit mir machen. Sie keucht und wiehert, und ich summe die Melodie von «Atemlos».**

In den folgenden Tagen wurde Kirsten immer fröhlicher. Am Ostersonntag kam sie sogar mit zum Spaziergang mit Gertrud, Gunter Herbst, Ilse und Kurt. Für

Kirsten hatten wir ein paar Tomaten versteckt statt Eier, wegen wegan. Ach, es war sehr nett, auch wenn Kurt es nicht gerecht fand, dass Kirsten Tomaten suchen durfte und er Eier. Die Tomaten wären viel leichter zu sehen, meinte er. Aber Kurt kann Kirsten nicht leiden, seit sie Ilse eingeredet hat, Kurts Augen würden vielleicht besser, wenn er kein Fleisch mehr isst. Ilse hat den Quatsch geglaubt, und nun kriegt er immer das kleinere Schnitzel. Deshalb mag Kurt die Kirsten nicht und hat immer was rumzumeckern an ihr.

Als wir gegen Abend nach Hause kamen und es Zeit für das Essen wurde, trällerte sie sogar «Überrasch mich mit einer deiner schöneren Kreationen, Mama!».

Na bitte. Wenn sie mein Essen mit Messer und Gabel nicht wollte, bekam sie es eben püriert. Es war zwar im Grunde ein Jammer, schließlich gibt man sich viel Mühe beim Kochen – aber wenn es so sein sollte, bitte schön. Wenigstens aß das Kind so, und ich hatte nicht das Gestocher im Kressesalat am Tisch. Die Maschine wurde mein Lieblingsgerät, schließlich sorgte es doch für friedliche Festtage mit meiner Kirsten. Ich hätte es nicht mehr für möglich gehalten. Wie oft hatten wir uns gestritten an hohen Feiertagen, und jahrelang haben wir sie gar nicht miteinander begangen, weil wir dem Krach aus dem Wege gehen wollten. Und nun sorgte der Smufiemacher für Harmonie zwischen Mutter und Kind. Kirsten war so umgänglich, sie guckte sogar «Michel in der Suppenschüssel» mit mir. Ach, das war so schön. Es ist ganz egal, wie alt man ist – wenn der kleine Michel mit dem kranken Alfred durch den Schneesturm nach Mariannelund fährt, dann wird einem ganz warm ums Herz. Sogar an Ostern. Immer, wenn ich in die Küche kam, streichelte ich dankbar über den Smufieapparat. Seitdem ich von meinem Franz damals die Heimdauerwelle zum Geburtstag geschenkt bekam, hatte ich nicht mehr so ein praktisches Gerät im Haus gehabt! Kirsten war so auffallend freundlich, dass ich langsam ins Grübeln geriet. Nicht mal, als ich aus Versehen ihren Therapie-Puffreis gegessen habe, machte sie Theater. Ich hatte beim Fernsehen Appetit auf was Süßes, und da kam mir der Puffreis ganz recht. Viel darf ich ja nicht, wegen dem Zucker, aber Kirsten hatte so kleine Gläschen rumstehen überall, das war genau die richtige Menge. Es schmeckte nach gar nichts. Wie diese Schaumstoffkügelchen, die manchmal in den Paketen vom Teleschoppingglück 24 drinliegen, damit beim Versand nichts kaputtgeht. Nach zwei Portionen reichte es mir, mein Appetit war gestillt und die Werbung im Fernsehen vorbei, Uschi Glas ermittelte weiter. Kirsten sah die leeren Fläschchen und schlug die Hände über dem Kopf zusammen, beließ es ansonsten aber bei einem einfachen «Mama, man kann dich aber auch keinen Moment allein lassen!». Sie murmelte etwas von Globuli und dass ich nun entweder gut schlafen oder reichlich Wasser lassen würde. Vielleicht beides. Es passierte aber gar nichts, ich trank einen Korn auf den Schreck, ging ins Bett, und am nächsten Morgen war ich um fünf munter, ging austreten wie immer und pullerte zwei Fingerbreit. Globussi, ich bitte Sie!

Humbug!

Einmal hat Kirsten mich dabei ertappt, wie ich dem Gerät übers Chrom gestrichen hab. Sie nahm mich in den Arm und sagte: «Weißt du, Mama, wenn du so viel Freude an dem Ding hast, dann schenke ich es dir.» So ein liebes Mädel! Ich küsste sie auf die Wange, holte gleich ein Pflaster aus dem Sanitätsschränkchen im Flur und schrieb mit dem Kuli KIRSTEN drauf. Ich klebte es unter die Maschine und machte es mit zwei Streifen Tesakleber wischfest. Können Se sich ja wohl denken, dass bei mir nicht nur der Behälter gründlich durchgespült wird, sondern dass ich so einen teuren Automaten auch von unten regelmäßig feucht abwische, nich wahr? Es ist wie beim Menschen: Da setzen sich so schnell Keime fest, und dann hat man Durchfall oder Pusteln. So weit kommt es noch! Kirsten guckte komisch.

«Sag mal, Mama, was machst du denn da? Kannst du dir nicht merken, von wem du das Geschenk bekommen hast, und musst es dranschreiben? Du bist doch gar nicht so vergesslich!»

Ich atmete erst mal tief durch, damit ich unsere frische Harmonie nicht zerstöre. Richtig atmen habe ich schon Ostern 2005 von meiner Kirsten gelernt, das Kind gibt sogar Kurse auf dem Gebiet.

«Kirsten. Kind. Von wem das Geschenk ist, das ist doch egal. Aber ich bin 82, und wenn ich mal heimgerufen werde ... ich weiß doch, was das dann hier für ein Gewühl wird. Du bist am Heulen und räucherst mit deinen Stäbchen hier rum, weil es angeblich nach alter Frau riecht, Ilse und Gertrud sortieren die Konserven und die Leibwäsche durch, und Stefan ist der Einzige, der klaren Kopf behält. Da ist er dankbar über jeden Hinweis, wer mal was erben soll, über die Nachlassinformationen.»

Im Vertrauen: Früher dachte ich auch immer «Nee, diese ollen Leute!». Aber je älter man wird, desto schrulliger wird man auch. Oder sagen wir lieber: besonderer. Da kann man gar nichts machen. Irgendwann wird einem auch gewahr, dass das Leben wie ein Maßband ist, von dem jedes Jahr ein Stückchen abgeschnitten wird. Keiner weiß, wie lang das Maßband ist, aber wenn man schon 82 Schnipsel abgeschnitten hat, na, da muss man schon auf den Daumen aufpassen, wenn das Leben wieder die Schere ansetzt. Da kommt nicht mehr viel. Aber daraus muss man das Beste machen, und als alter Mensch will man eben, dass die schönen Dinge in gute Hände kommen, wenn das Maßband mal alle ist.

«MAMA!», unterbrach mich Kirsten unwirsch. Ich kann Ihnen gar nicht sagen, ob sie in dem Moment richtig geatmet hat. Hihi. «Jetzt ist es aber gut. Dass du immer vom Sterben anfangen musst!» Ich streichelte ihr den Arm. Im Grunde meinte sie es gut.

«Kirsten, man muss den Dingen ins Auge sehen. Das kann ganz schnell gehen. Die Hettie Bemmann hat es neulich auch erwischt, ohne Vorwarnung – einfach umgefallen und tot. Am Tag vorher habe ich sie noch bei der Fußpflege gesehen!»

«Ach du liebe Zeit», sagte Kirsten entgeistert. «Tante Hettie ist tot? Wie ist denn das passiert?»

«Kirsten. Kind! Sie war 89. Glaubst du, sie ist beim Rollschuhlaufen gestürzt? Sie ist gestorben, weil sie alt war!» Wenigstens hatte sie frisch beschnittene Fußnägel, obwohl man die ja selbst bei einem offenen Sarg nicht sieht. Ich klebte eine dritte Lage Tesakleber über das Namensschild. «Du wirst mir noch dankbar sein für die Erbinformation. Glaub mir nur. Ich sehe euch hier dereinst schon weinend aufräumen, und dann seid ihr doch froh, wenn es schnell geht und ihr nicht noch einen Monat länger die Miete überweisen müsst.» Eine Renate Bergmann denkt praktisch, auch über den Tod hinaus.

Kirsten wandte sich ab. Ich konnte mir schon denken, wie es mal kommen würde. Sie würden die schöne Smufiemaschine einfach wegschmeißen oder der Berber geben, was im Grunde dasselbe ist. So ist die Jugend, wenn es etwas Neueres gibt, muss das Alte weg. Ob es ein Telefon ist oder Anziehsachen. So ein Blödsinn! Ich habe noch die Brotmaschine, die meine Großmutter 1908 zur silbernen Hochzeit geschenkt bekommen hat. Das ist noch Qualität! Die ist aus ganz massivem Holz und hat ein geschmiedetes Schneideblatt. Das schleift mir Kurt alle zwei Jahre, und dann kurbele ich meine Stullen ab. Ohne Elektro und so einen Quatsch. Gertrud hat eine elektrische Brotmaschine. Sicher, die ist auch schön, aber sie braucht Strom, und wenn man nicht aufpasst, gibt es Kurzschluss. Bei Gewitter darf man sie auch nicht anstellen, sonst zieht es den Blitz an. Nun denken Se sich mal, es ist ein schlimmes Gewitter und Sie können sich nicht mal eine Stulle schmieren! Wenn man auf Gertruds Brotmaschine Schinken schneidet, verheddern sich die Scheiben und man muss den Fettrand mit dem Zahnstocher lose polken. Sie musste sogar schon eine neue kaufen, kaum dass sie 20 Jahre gehalten hatte. Gertrud muss jedenfalls keine Pflaster kleben mit Informationen für den Nachlassverwalter, die Plastebrotmaschine hält sowieso nicht so lange. Die bauen die Geräte doch extra so, dass sie schnell kaputtgehen, damit man neu nachkauft! Ach, ich rege mich schon wieder auf.

Aber der Smufiemacher war ein Zauberding. So fein kriegen Se das Zeug mit der Küchenreibe gar nicht zerkleinert. Da wäre mir Kirsten bestimmt ganz schnell draufgekommen, dass da Fleisch drin ist. Der Häcksler machte es alles schön sämig, und sie schwärmte mir bei jeder Mahlzeit vor, wie gut es ihr schmeckte.

Und es hatte noch einen weiteren Vorteil: Man bekam endlich mal den Kühlschrank leer! Wissen Se, Leute aus meiner Generation, die die schweren Jahre nach dem Krieg noch miterlebt haben, schmeißen Essen nicht gern weg. Wir verwerten das noch. Salzkartoffeln werden die Woche über gesammelt, und am Sonnabend gibt es Bratkartoffeln. Und wenn Bratensoße übrig bleibt, wird ein Ei reingeschlagen. Mit einer Scheibe Brot dazu hat man so noch eine schöne Mahlzeit. Ich habe immer Reste im Kühlschrank, aus denen ich was Neues koche. Der Apparat verarbeitete das alles zu ganz leckeren Getränken, die Kirsten dankbar verschlang. Ich wurde mit der Zeit immer kreativer, wie Stefan das nennt, und hörte auch genau auf das, was Kirsten den Tag über von sich gab. Zunächst war ich vorsichtig und mischte nur die Reste von der Ente unter. Der Mixer zermalmte das so fein, da konnte man sogar die Pelle dranlassen. Wer je hat Hunger leiden müssen, der kann eben nur schwer was verkommen lassen, wissen Se. Man musste nur immer etwas Kräftiges mit reinwerfen, was den Fleischgeschmack gut überdeckte. Ich nahm gern Chile und Curry, das färbte auch schön bunt. Schillie, Sie wissen schon. Diese scharfen, kleinen Paprika, die so brennen, wenn man groß muss. Und auch vorher im Mund. Jedenfalls musste immer etwas Grün mit rein, darauf legte Kirsten ganz besonderen Wert. Als der Grünkohl alle war, nahm ich Rosenkohl, den hatte ich noch eingefrostet. Die Maschine zerschredderte sogar Unaufgetautes. Sie ahnen es nicht, aber Kirsten schwärmte nach jeder Mahlzeit mehr und war auch gar nicht mehr so miesepetrig. Das Fleisch tat ihr offenbar gut. Abends machte ich immer einen Schluck Weinbrand mit rein, wissen Se, ich trinke ja nur Klaren. Korn. Irgendjemand hatte mir zum Geburtstag jedoch eine Flasche «Asbach Uralt» geschenkt, was an sich eine Frechheit ist, und die konnte ich nun gut zur Aufhellung von Kirstens Laune und zur Förderung ihres Schlafs verarbeiten. Sie verschlang mein Püriertes mit Wonne. Mir ging schon bald der Tomatensaft aus, aber Gertrud konnte aushelfen. Am zweiten Feiertag, dem Ostermontag, sprach Kirsten erneut, dass grüne Smufies ja die leckersten und gesündesten seien. Ich habe ihr deshalb ein Stückchen Tanne mit reingeworfen. Grün ist schließlich Grün, und der Rosenkohl war seit dem Vorabend auch aus. Nur ein ganz kleines, denn es schmeckte doch sehr harzig. Aber es war in der Mischung mit Roulade ganz gut, denn die hatte auch so einen starken Eigengeschmack, dass Kirsten mir ohne Tanne bestimmt die Hölle heiß gemacht hätte. Ich habe alles mit Tomatensaft und ein paar Silberzwiebeln gestreckt, und so merkte sie nichts.

Nach dem Rouladen-Tannenzweig-Smufie hat sie sich aber den Bauch gehalten und gemeint, sie hätte ganz plötzlich Appetit auf Fleisch. Sie hatte das seit Jahren nicht und war ganz verstört. Wahrscheinlich hätte sie sich beim Joga die Schackren verklemmt, und nun würde der Schackra für Fleischappetit wieder ausschlagen, meinte sie. Das Kind hat dann ein bisschen meditiert und einen Tee getrunken, so ging es wieder weg.

Wie lange der Burgfrieden mit Kirsten wohl noch halten würde? Schließlich hatten wir uns immer gestritten, wenn sie länger auf Besuch war. Ein bisschen fehlte mir das. Am nächsten Morgen war es dann so weit. Während meine Tochter mit einem Strohhalm ihren Smufie aus Frankfurter Kranz, Birnen und Kirschwasser schlürfte, setzte sie an.

«Mama ...»

Ich horchte gleich auf. Bei Kirsten spüre ich, wenn ich die Taschen zusammenhalten muss, weil sie mir ans Geld will.

«Mama, du hast doch damals das Geld aus Papas Lebensversicherung bekommen. Wie viel war das eigentlich?»

Daher wehte der Wind! Die Dame wollte Geld! Ich tat erst mal so, als hätte ich sie nicht gehört, um Zeit zum Nachdenken zu gewinnen. Sie verstehen? Ich lächelte und nickte. Das Nicken verwirrte Kirsten, und so konnte ich in Ruhe überlegen.

Wilhelm starb 1967, das war zu tiefsten DDR-Zeiten. Ja, sicher, ich habe ein bisschen was gekriegt von der Lebensversicherung, aber damals war Kirsten noch ein Kind. Davon stand ihr nichts zu, Vater hin oder her, und nach so vielen Jahren sowieso nicht mehr. Es war auch nicht viel. Also, von heute aus betrachtet, damals hat es gereicht, um mir davon den Trabbi zu kaufen. Man muss das ja auch umrechnen in Mark und dann in Euro, die Hälfte von der Hälfte von der Hälfte, das kann doch kein Mensch rechnen, und überhaupt, was ging das Kirsten an? Ich sah gar nicht ein, darüber zu reden.

Ich lächelte.

«MAMA. WIE VIEL WAR DAS?»

Sie blieb hartnäckig, ich konnte das Thema wohl doch nicht weglächeln.

Wir hatten dann ein langes Gespräch, das erst ein

bisschen holprig begann, schließlich aber gut und ehrlich wurde. Sie kennen Kirsten ja, ich habe schon öfter von ihr erzählt. Sie ist ein bisschen neben dem Takt, aber im Grunde kein schlechter Mensch. Sie schlägt sich durchs Leben, indem sie den Leuten Geld für allen möglichen Blödsinn abnimmt. Doof ist sie nicht. Wenn sie in der Zeitung liest, dass eine Frau Paartherapie für Hunde sucht, dann bietet Kirsten das auch an. Oder «Heilfasten für Katzen». Da sperrt sie die armen Viecher für zwei Tage ein, und sie kriegen nur Wasser und Kräuterbrühe, und dafür nimmt sie 89 Euro pro Tag. Man hat gar keine Worte für die Leute, die so meschugge sind und für so was Geld ausgeben. Kurz und gut:

Kirsten erzählte mir nun, dass sie ihre «Praxis» zu einem Gesundheits- und Entspannungszänter für Haustiere erweitern und in Zukunft auch Wassergeburt für Katzen anbieten möchte. Aquagymnastik auch. Dazu müsste sie aber anbauen, und dafür braucht sie Geld.

MEIN GELD.

Na, Sie können sich ja denken, dass ich bei so einem Humbug die Schatulle zuhalte! Ich bin ein bodenständiger Mensch, wissen Se, mit mir können Se Pferde stehlen, aber doch nicht mit Katzen tanzen. So weit kommt es noch.

Kirsten sprach, die Leute wären eben heute so, gerade die Älteren. «Das letzte Kind hat Fell», sagte sie. «Wenn die Kinder aus dem Haus sind, suchen sie sich einen kleinen Liebling mit vier Beinen, den sie verwöhnen können. Und das ist ihnen eine Menge wert. Guck doch nur mal, wie lang die Regale für Katzen- und Hundefutter im Supermarkt sind.»

Da hat sie recht. Wissen Se, früher hatte man eine Katze, damit sich kein Ungeziefer in der Scheune hielt. Die Katzen haben ein bisschen Kartoffel und Soße vom Mittagessen bekommen und vielleicht die Knorpel vom Kotelett, aber es hat doch keiner extra für die Tiere gekocht! Ich bitte Sie. Und es gab auch kein Katzenfutter in der Dose. Wenn man heute in die Kaufhalle geht, traut man ja seinen Augen nicht. Die haben Dutzende Meter mit den verschiedensten Büchsen im Angebot, man glaubt es kaum. Und dann gucken Se mal auf die Preise: ein kleines Döschen Katzenfutter ist teurer als ein Pfund fertige Buletten. Na, da frage ich Sie: Ist das Geldschneiderei mit dem Katzenfutter, oder ist nur Dreck in den Buletten? Wahrscheinlich beides. Nee, da lasse ich mich gar nicht drauf ein, so was kommt mir nicht ins Haus. Katerle bekommt, wie alle meine Katzen seit fast 70 Jahren, immer ein paar Reste vom Mittagbrot und abends eine Stulle mit der billigsten Wurst.

Ich habe Kirsten SEHR deutlich gesagt, was ich von ihrer Idee halte. So deutlich, dass unser auf Smufies gebauter Frieden gleich wieder brüchig wurde und sie abgedüst ist. Wissen Se, ihr knatternder Porsche ist jetzt himmelblau, nicht mehr wiesengrün. Der musste umgespritzt werden, weil Grüntöne Ziehen in der Schulter verursachen ... Nee, Ilse und ich haben Tränen gelacht.

**Ich bereue nichts im Leben, nicht mal die Nacht mit Udo Jürgens.**

Aber das Kind hatte mich zum Nachdenken gebracht. Es wurde wohl Zeit, sich Gedanken zu machen, was mit meinen paar Kröten wohl mal werden sollte. Viel Geld ist ja nicht da – und die Sachen, die mir lieb sind, na, die haben für mich einen höheren Wert als für die Jugend von heute. Das schöne Silberbesteck zum Beispiel, oder das gute Geschirr. Das war schon weg, nach '45, bei den Hamsterfahrten eingetauscht gegen was zu beißen. Aber das war ungerecht, wissen Se, die Bauern hatten Perserteppiche im Kuhstall, während wir hungerten und alles, was wir besaßen, für ein paar Eier hergaben. Also sind Mutter und ich wieder hin mit ein paar Flaschen Korn. Das hat den Bauern überzeugt, jedenfalls haben wir sein Lallen so gedeutet. Ach, der Hunger bestimmte seinerzeit alles. Esswaren waren die Währung unserer Zeit. Man sagte nicht «Ich habe noch hundert Mark», man sagte «Ich habe noch Kartoffeln bis Donnerstag».

Ich überlegte, dass es wohl sinnvoll wäre, zunächst mal eine kleine Inventur zu machen und zu gucken, was überhaupt alles da war, bevor ich grübelte, wer es kriegen soll. Bevor man das Fell versäuft, muss man den Bären erst ... nee. Das ist wohl was anderes. Das kann man so nicht sagen. Man musste aber mal die Verträge durchgucken von der Versicherung und auch die Sparbücher, wissen Se, ich habe die zwar alle parat liegen, falls Gewitter kommt, aber was drauf ist, das weiß ich nicht so genau. Sie wissen ja, wie die Versicherungsvertreter sind, die erzählen einem was von Steuern sparen und Vorsorge und Absicherung, und irgendwann unterschreibt man, damit sie nur endlich gehen. Als der Herr Haubrecht damals bei mir war wegen der Sterbeversicherung, da habe ich lange diskutiert. Ich hatte ihn nicht etwa eingeladen, der kam von ganz allein. Offenbar witterte der das große Geschäft mit einer ollen Oma, die alles unterschreibt, wenn man ihr nur tüchtig Angst macht und lange bleibt. Aber da war er bei mir falsch. «Jetzt erzählen Sie mir doch nicht, dass man sich gegen das Sterben versichern kann, junger Mann!» Sterbeversicherung! So was Lachhaftes. Das ist doch das Gerechte am Leben, dass es für jeden mal vorbei ist, egal wie arm oder reich einer ist. Dagegen kann man sich nicht versichern.» Der Herr Haubrecht nahm noch einen Schluck von meinem Kaffee zur Stärkung, bevor er weitersprach. Er referierte dann lange, dass eine Beerdigung Geld kostet und dass die Hinterbliebenen abgesichert wären in der ersten Zeit und so. Der hielt mich offenbar auch für dumm. Als ob ich das nicht wüsste! Was dachte der denn von mir? Als ob ich meine Beerdigung nicht längst im Voraus geplant und bezahlt hätte. Und eine Lebensversicherung hatte ich auch, die lief schon, seit Walter damals gestorben war. Da war Kirsten die Begünstigte. Ich ließ den Haubrecht abtreten, ohne dass ich was unterschrieben hätte. Er war zwar geduldig und hatte Sitzfleisch, aber nach vier Tassen von meinem handgebrühten Bohnenkaffee musste er so dringend pullern, dass er ohne Unterschrift ging.

Da war also meine Lebensversicherung, gut. Und die Sparbücher. Aber wenn ich mich recht erinnerte, hatte ich damals bei der Sparkasse noch Sparbriefe gekauft. Oder Schatzbriefe, ich wusste es gar nicht mehr so genau. Davon hatte ich schon lange nichts mehr gehört. Da würde ich mal nachfragen müssen. Ich suchte wohl bald eine Stunde in den Unterlagen im Ordner, auf den ich «WICHTIG» geschrieben hatte. Ich fand ein Bild, das Kirsten mal im Kindergarten gemalt hatte, die Quittung von der Luftmatratze, die wir 1966 für den Urlaub an der Ostsee gekauft hatten, und die Karten für das Udo-Jürgens-Konzert, die vor zehn Jahren keiner finden konnte. Wie gut wir gesessen hätten! Wir waren dann zwei Jahre später auf einem Konzert vom Herrn Jürgens, ach, das war schön. Der hat noch anständige Musik gemacht zum Klatschen und Mitsingen, und doch so, dass die Texte einen nachdenken ließen. Ein toller Mann war das, fast mein Jahrgang. Aber es war ja kein Rankommen an ihn, und immer, wenn er mal auf Konzert kam, war ich gerade verheiratet. Das ist schade, weil sein weißer Bademantel hübsch ausgesehen hätte zu meinem Dederonkimoni. Andererseits fahre ich zum Gießen nicht nach Wien, wo kämen wir da hin? Wo war ich? Ach, die Sparbriefe waren einfach nicht zu finden. Ich glaube, die bleiben wohl auf der Bank und die heben die da auf, nich? Herrje, es wurde wohl Zeit, einen Termin zu machen und alles mit dem

Herrn Schneider zu besprechen. Schließlich wollte ich die Dinge vernünftig hinterlassen. Ich würde auch keinem was von meinen Plänen erzählen, sondern das ganz allein regeln. Ich bin nämlich nicht wie meine Freundin Gertrud, die über dieses sensible Thema mit jedem dahergelaufenen Menschen redet.

——————— Eine **NEUE LIEBE**
ist wie ein neues Leben,
aber alte Liebe **ROSTET** nicht. ———————

**Wenn Babys Blähungen haben, lächeln sie meist ganz unschuldig. Gertrud macht das auch.**

Jetzt muss ich Ihnen mal im Vertrauen was von Gertrud erzählen. Ich habe mich bisher immer zurückgehalten damit, weil ich dachte, sie liest das vielleicht und ist eingeschnappt, aber wissen Se, die ist viel zu faul zum Lesen.

Wenn die Leute Gertrud zum ersten Mal sehen, denken die meisten, dass sie eine liebe, etwas robuste alte Dame ist. Das stimmt schon, aber sie hat auch eine andere Seite: Gertrud ist sehr wehleidig. Man könnte fast denken, sie ist ein Mann. Sie machen sich kein Bild! Sobald sie ein Wehwehchen hat, legt sie sich ins Bett und wartet auf das nahende Ende. Ich finde für das Gewese, das die veranstaltet, manchmal gar keine Worte. Im Grunde stirbt sie seit über 20 Jahren. Ich weiß es noch genau, wir sind damals beide mit 60 in Rente gegangen, aber bei ihr war das was ganz anderes als bei mir. Ich habe mich gefreut, dass ich von da an mehr Zeit hatte, es endlich mal zum Sport schaffte und die Gardinen regelmäßig in die Waschmaschine kamen. Und meine Gertrud? Die kam zwei Tage nach ihrem Sechzigsten mit einem Krückstock bei mir an. Rollatoren gab es damals ja noch nicht. Ich dachte, ich gucke nicht richtig. Ja, stöhnte sie, ihr sei jetzt immer so düselig und da würde sie sich mit Stock sicherer fühlen. Und außerdem wären wir ja jetzt alte Frauen und müssten uns nicht dafür schämen. Das war noch die Zeit vor Nordisch Wokking, wissen Se. Heute fällt man mit Stöcken ja gar nicht mehr auf, aber damals gingen wirklich nur alte Damen so aus dem Haus. Sie steckte sich eine Zeit sogar die Haare zum Dutt hoch, denken Sie nur. Sie hat sich aber mit dem Haarnetz immer im Hörgerät verheddert, und da hat sie es wieder gelassen. Nee, es war nicht mit anzuschauen, sie wurde im wahrsten Sinne des Wortes über Nacht zu einer ollen Frau. Seitdem jammert sie vor jedem Geburtstag, dass sie eigentlich gar keine Lust zum Feiern hat, aber da es ja wahrscheinlich der letzte wäre, sollen sie ruhig alle noch mal kommen, damit sie Abschied nehmen kann. Himmel, nee! Auf dem Geburtstag nimmt sie die Kinder und Enkel dann immer einzeln auf die Seite und bespricht mit ihnen, wie sie unter die Erde gebracht werden will, wer was erben soll und wer sich um was zu kümmern hat. Eine Renate Bergmann ist da abgemeldet. BITTE. Ich habe mein eigenes Tun, aber trotzdem würde ich ja wenigstens gern Bescheid wissen, nich wahr? Wenn wirklich mal was ist, fällt es ja doch mir zu, mich zu kümmern. Wer ist denn da gewesen, als sie im Krankenhaus lag mit Verdacht auf Blinddarmreizung? Wer hat denn das Räderessen abbestellt, die Katze gefüttert und ihre rosa Alpenveilchen gegossen? Die gute Renate. Die Blinddarmreizung war in Wirklichkeit Muskelkater vom Seniorenturnen, und nach zwei Nächten war sie wieder zu Hause. Aber Gertrud muss ja wissen, was sie tut. Ihre Tochter, die Gisela, pustet schon immer die Backen auf, wenn sie zum Nachlassgespräch muss. Gisela sagt, Gertrud erzählt jedem was anderes, und das nicht nur von Jahr zu Jahr, sondern von Kaffeetafel zu Abendbrot. Einmal hat sie Gisela erst erzählt, dass sie eingeäschert werden und ganz bescheiden zu ihrem Gustav mit aufs Grab will, und nach dem Anstoßen mit Geburtstagssekt sollte dann ihr Sarg auf einer Lafette von acht schwarzen Pferden gezogen werden. ACHT SCHWARZE PFERDE. Die Rappen sollten bunte Hahnenfedern auf dem Kopf tragen, und dazu sollte der Trauermarsch gespielt werden, wie damals beim Breschnew. Fast hätte ich gelacht. Wissen Se, ich weiß, was Gertrud an Rente kriegt, und ich weiß auch, was ein Pferd kostet. Da war ich dann doch ganz froh, dass die Familie das regeln muss, wenn es dereinst so weit ist.

So ist es nun jedes Jahr. Vor dem Geburtstag geht das Gejammer los, dass sie nicht feiern will, dass es ja alles keinen Sinn mehr hat und sie sowieso bald stirbt, und dann kommt kurz vorher der Schwenk, und sie will alle «noch mal sehen, um Abschied zu nehmen. Weißte, Renate, noch geht es mir ja recht gut, und so sollen mich alle in Erinnerung behalten. Ans Sterbebett soll keiner mehr kommen und mich dahinsiechen sehen. Außerdem können wir dann über den Nachlass sprechen.» Jedes Jahr dasselbe. Geklärt wird aber nie was. Alle müssen ihr Frikassee mit Pelle drin essen, das sie zur Feier des Tages macht, bis sie Bauchschmerzen bekommen, und danach verwirrt sie alle mit ihren Pferden, Hahnenfedern und Musikwünschen. Sie klärt gar nichts, sie spricht einfach nur gern über ihre Beerdigung. Andauernd macht sie das! Wenn Gertrud Schnupfen hat, legt sie sich im Nachthemd ins Bett und gibt tagelang nur röchelnde Geräusche von sich. Es ist nicht zum Aushalten! Sie hat auch nie Kopfschmerzen, sondern immer gleich einen Gehirntumor und will in die Röhre. In diese Computerhöhle, wo sie einem den Kopp röntgen, wissen Se. Die Doktorsche überweist sie da aber nicht hin, weil sie weiß, dass Gertrud spinnt, und dann will sie schon aus Prinzip sterben, nur «damit Frau Doktor mal sieht, dass sie einen Fehler gemacht hat!». Letzthin sagte sie zu mir: «Renate, ich glaube, es ist nun wirklich so weit, ich bin an dem Punkt, wo mein Leben an mir vorbeizieht ... eben war schon Gustav hier im Raum und hat mit mir gesprochen.»

«Dein Gustav, der seit 20 Jahren tot ist?», fragte ich und gab mir Mühe, dass Gertrud nicht merkte, dass ich mir das Lachen verkneifen musste. «Wenn Gustav schon hier war, warum hast du ihm nicht den Müll mit runtergegeben?», rutschte es mir raus.

Da musste sogar Gertrud kichern, und nach ein paar Minuten hatte sie das mit dem Sterben wieder vergessen, und ich konnte sie überreden, uns Kartoffelpuffer zu machen. Wissen Se, es riecht so, wenn man die macht, die esse ich daher lieber außer Haus. Und bei Gertrud riecht es sowieso, ihr macht das also gar nichts aus.

Gertrud liest und sammelt ja alle Beipackzettel von Tabletten, die sie jemals eingenommen hat. Nee, ich sage Ihnen, man kann nur den Kopf schütteln. Sie hebt alle auf und heftet sie weg, sogar die von fremden Leuten. Von Tabletten, die sie gar nicht nimmt! Sie hält keine Ordnung in ihren Rechnungen und Versicherungspapieren, aber von ihren Pillen kann sie bis zur Wende 1989 sagen, was sie wann gegen was eingenommen hat und wie es ihr bekommen ist. Das schreibt sie nämlich mit dem Kuli auf den Rand und kreuzt bei den Nebenwirkungen an, welche sie gern gehabt hätte und welche sie bekommen hat. Es sind drei dicke Ordner voll. Wenn sie neue Tabletten bekommt, nimmt sie als Erstes die Bedienungsanleitung raus, schreibt das Datum auf den Rand und die Dosierung, zu der Frau Doktor geraten hat. «Wenn mal was ist, können sie genau nachlesen, warum ich draufgegangen bin», sagt sie. Dabei sind die Nebenwirkungen meist leere Versprechungen, und einem wird gar nicht düselig, wie es da steht.

Ganz schlimm war es auch vorletztes Frühjahr. Da rief sie mich nachmittags weinend an, dass es nun – mal wieder – so weit sei, ich solle sofort kommen und auch Frau Doktor, und am besten mit Blaulicht, sie liege im Sterben.

Ich bin gleich hin, auch wenn mir schon schwante, dass ... aber als Freundin ist man auch bei Fehlalarm zur Stelle, nich wahr? Als ich ankam, wühlte Gertrud weinend im Kleiderschrank, suchte Nachthemden und Handtücher zusammen und warf sie – ungebügelt! – in eine Reisetasche.

«Gertrud. Nun beruhige dich erst mal, setz dich hin und erzähle. Was hast du denn? Ist es wieder der Kreislauf?» Ich reichte ihr ein Taschentuch. Im Gegensatz zu Gertruds Wäsche war das selbstredend geplättet, schließlich bin ich eine ordentliche Hausfrau.

Gertrud senkte die Stimme und schaute sich um. Offenbar ging es um eine diskrete Angelegenheit, über die man nicht gern spricht. Vielleicht ein Frauenleiden? Sie ergriff meinen Arm und flüsterte: «Renate, ich verliere Stücke vom Darm! Ich löse mich innerlich auf! Sie sollen das, was von mir noch übrig bliebt, verbrennen und im Wind verstreuen.»

So was hatte ich ja noch nie gehört. War sie von den Pferden, die ihren Sarg ziehen sollten, etwa abgekommen?

Gertrud bot an, Blickkontakt mit ihrem Stuhl aufzunehmen, aber ich lehnte dankend ab. Stattdessen befürwortete ich die Idee, zur Frau Doktor zu gehen. Die Tasche für das Krankenhaus nahmen wir gleich mit, man weiß ja nie. Eine Renate Bergmann denkt schließlich mit.

Die Praxis ist in einem Einkaufszänter, in dem man mit einem Fahrstuhl fahren muss. Diese Höllendinger mag ich nicht und nehme nach Möglichkeit die Treppe, auch wenn es länger dauert. Das hält einen jung, und die Gelenke rosten nicht ein. Meine neue Hüfte ist, soweit ich weiß, aus Titan, und das soll nicht rosten, aber sicher ist sicher. Da Gertrud den Rollator dabeihatte, auf den sie sich leidend stützte, nahmen wir aber den Lift. Sie seufzte auf dem Weg zum Aufzug vier Leute an und flehte mit bebender Stimme nach einem Glas Wasser. Als man es ihr brachte, lehnte sie jedoch ab und schluchzte: «Das ist nett, aber bestimmt muss ich notoperiert werden, und da ist es besser, wenn ich nüchtern bleibe.» In der Höllenmaschine stand schon eine Frau, die auch auf «3» gedrückt hatte und zur Doktern wollte. Sie war vor uns da, das kann man nicht abstreiten. Der Ehrgeiz, vor ihr dranzukommen, weckte jedoch Gertruds Lebensgeister. Ich sah gleich, wie sie sich aufrichtete und schon im zweiten Stock die Bremse vom Rollator löste. So wie Stefan manchmal an der Ampel. Es ist noch rot, da hat der schon den ersten Gang drin und schnurrt mit der Kupplung. Meine Güte, es reicht doch wohl, wenn man den Gang gemütlich einlegt, wenn Grün kommt! So ungeduldig war Gertrud auch. Die Fahrstuhltür war noch nicht mal ganz offen, da bumste sie mit dem Gehwägelchen dagegen und rammte im zweiten Anlauf gleich noch die schiefe Palme, die ihr auf der Zielgeraden zum Schwesterntresen im Weg stand, um. Dabei staubte Blumenerde aus dem Topf und landete auf dem Teppich. Eine Schwester – ich glaube, sie hieß Sabine – trällerte von ihrem Tresen «Das ist doch nicht schlimm, ich mache das weg», und dass Gertrud sich hinsetzen und den Mantel ablegen soll. Die überholte Frau aus dem Fahrstuhl murmelte «wie bei Kaufland, wenn eine zweite Kasse aufmacht», setzte sich aber, ohne größeren Ärger zu machen, hin.

Gertrud erzählte derweil jedem im Wartezimmer von ihrem unmittelbar bevorstehenden Ableben, während ich mit Schwester Sabine verhandelte, dass man sie vornimmt. Die kannte das schon von Gertrud und wollte diese Aufführung auch nicht mit ansehen. Deshalb war Gertrud gleich die Nächste, die ins Behandlungszimmer durfte. Sie seufzte und blickte mich beim Reingehen an, als wäre es ein Abschied für immer.

Kaum zehn Minuten später kam sie beleidigt aus dem Sprechzimmer und rief mir im Vorbeirasen ein «Renate, komm, wir gehen!» zu. Schwester Sabine deutete mir mit einem Schulterzucken an, dass sie auch nichts wusste. Sie war aber auch neugierig und guckte schnell im Computer nach, was die Frau Doktor eingetippt hat. Die klopfen ja heute alle in den Computer, was man erzählt. Schwester Sabine kann es sogar im Nebenzimmer sehen. Es ist verrückt, was die Computer alles fertigbringen. Es ist wie Interweb. Schwester Sabine flüsterte mir kichernd «Sie hat den Zwirnsfaden von den Kohlrouladen mitgegessen, und als sie den in der Toilette ... sie dachte, sie verliert was vom Darm» zu.

Ich schüttelte den Kopf. Das war mir immer schon klar, dass dieses Essen auf Rädern nichts taugt. Ich schwöre auf Essen aus Töpfen, vorzugsweise aus den eigenen. Ich drückte Schwester Sabine die Hand und lief Gertrud nach. Sie wartete im Flur, stampfte mit ihrem Rollator von dannen, als ich ran war, und schimpfte wie ein Rohrspatz. Eine Zeitlang beachtete sie mich gar nicht, aber als wir am Fischimbiss vorbeikamen, war ihr Appetit der Wut überlegen und sie wollte Seelachs mit Kartoffelsalat.

**Wenn Gertrud mich besuchen war, schellt sie beim Nachhauseweg immer kurz bei der Berber. Man ist nie zu alt für Klingelstreiche.**

Bei Gertrud habe ich es aufgegeben, mich um ihre Erbangelegenheiten zu kümmern. Es hat einfach keinen Sinn, weil sie wunderlich ist und sich mit der Sache auch gar nicht befassen will. Sie weicht nur aus, aber mir soll es egal sein. Am Ende muss sich ihre Familie mit dem Chaos rumärgern, was sie mal hinterlässt, nicht ich. Soll nur später keiner sagen, Renate Bergmann hätte sich ja mal kümmern können. Ich habe es versucht, es gibt genug Zeugen.

Gertrud lebt ja mit Gunter Herbst in wilder Ehe, ist das zu glauben! In unserem Alter schafft man klare Verhältnisse. Entweder fährt der Herr abends wieder nach Hause, so wie Erwin Beusel – aber dazu komme ich später noch –, oder es wird geheiratet. Aber man schläft doch ohne Trauschein nicht bei einem fremden Mann! Mag sein, die Zeiten ändern sich, und das machen heute alle so – ich habe da meine eigenen Regeln, mit denen ich immer gut gefahren bin. Aber bitte, soll se. Sie wird schon sehen, wo sie landet. Man hat schließlich einen Ruf zu verlieren.

Wenn nicht mal Gertrud das Testament in Ordnung hat, na, da müssen wir über Gunter Herbst ja wohl gar nicht reden, was? Er ist ein lieber Kerl, das will ich gar nicht bestreiten. Und er tut Gertrud gut. Die beiden ergänzen sich prima. Seit Gertrud Gunter kennt, kann sie auch den Hund mal für ein paar Tage bei ihm abgeben. Gunter kümmert sich hingebungsvoll um Norbert, und Gertrud kann wieder mit mir in den Urlaub fahren. Ach, das hat mir schon sehr gefehlt, lassen Se Gertrud sein, wie se will. Als Norbert jung war und sie ihn neu hatte, ging das nicht. Er ist ja so ein ungestümes Tier! Gertrud wurde seiner nie wirklich Herr, und Gunter hat nun, wo Norbert schon vierzehn Hundejahre alt ist, Mühe, ihm noch halbwegs Manieren beizubringen. Norbert ist ja nicht die hellste Birne auf dem Christbaum, das muss man ganz klar sagen. Gerade mal dass er «Sitz», «Platz» und «Fass die Mietz!» behalten hatte, als die Prüfung in der Hundeschule ran war. Mit Ach und Krach ist er versetzt worden. Gertrud hat zur Feier des Tages sogar Pansen gekocht, und das heißt was bei ihr. Sie ist sonst nicht sehr häuslich und bestellt für sich selber Räderessen, aber für Norbert und die anderen Hundeschüler hat sie Innereien gekocht. Im Herbst, die Hundeschule war noch kein Jahr her, hat er sich wieder losgerissen und ist Gertrud entwischt. In den Feuerlöschteich ist er rein, mitten in die Entengrütze, Himmel, Sie machen sich kein Bild, wie die arme Gertrud gerufen und geschimpft hat! Aber wenn er eine Ente sieht, ist es aus. Aussehen tut Norbert ja wie ein Doberschnautzer, aber es muss doch ein bisschen Terrier mit im Blut sein. Die arme Ente hat hohe Wellen geschlagen vor Angst. Das hat Norbert nur noch wilder gemacht. Gertrud hat gewinkt und um Hilfe gerufen, aber was will man machen? Hinterher fiel uns ein: Man hätte im Tierpark anrufen können. Die haben so ein Pusterohr, durch das sie immer eine Narkose schießen, wenn ein Tiger zum Röntgen muss. Die zeigen das jeden Nachmittag im Fernsehen, ach, ich sehe das gern. Äffchen und Löwen und Pelikane ... Aber womöglich wäre Norbert da noch ertrunken? Es war schon besser, ihn sich austoben zu lassen. Nach einem guten Weilchen konnte er nicht mehr und kam wieder bei Gertrud an. Er schüttelte sich und spritzte sie auch noch nass, man hat keine Worte, nee! Obwohl sie beide gleich nach Hause gegangen sind und sich trocken gerubbelt haben in der Badestube, kam es, wie es kommen musste: Erkältet waren se, alle beide. Bei Gertrud war es nicht so schlimm. Sie legte sich zwar ins Bett und gab auch wieder Anweisungen, welches Kleid wir ihr anziehen sollten, wenn sie stirbt, aber ich habe ihr gar nicht zugehört und gesagt, sie soll sich zusammenreißen. Unsere Generation hat schließlich schon mehr überstanden als ein bisschen Schnupfen. Den Krieg, die Mauer und 30 Jahre Lindenstraße zum Beispiel. Gertrud war auch rasch wieder auf dem Damm, nachdem ich ihr Königsberger Klopse gekocht habe. Das ist ihr Leibgericht, und dafür vergisst sie sogar, dass sie eigentlich stirbt. Aber Norbert ist ein Rüde, und Sie wissen ja, wie Männer leiden, wenn sie krank sind. Er trottete tagelang rum und guckte, als ob es zu Ende geht mit ihm. Ab und an nieste er, und dann ... es war nicht schön. Ich möchte das hier nur andeuten; aber Gertrud musste ständig aufwischen. Dazu bellte er ganz heiser, er klang wie ein Seemann nach einer durchzechten Nacht. Gertrud und ich haben ihm den Hals mit Honig ausgepinselt, na, das hätten Se sehen sollen! Ich bin bestimmt noch gut beieinander für mein Alter, aber so ein starkes Tier festzuhalten erforderte meine ganze Kraft. Norbert schmeckte es nämlich sehr gut, und er wollte den Honigkopf direkt auslecken und zerrte und zog, nee, es war fürchterlich! Aber es zeigte, dass der Appetit da war und er nicht ernsthaft krank. Es war nur der typische Männerschnupfen. Schon bald fraß er wieder mit Appetit.

Wobei das auch so eine Sache ist. Norbert hat so mit Flatulenzen zu tun! Gertrud selbst fällt es mit ihrem Reizdarm gar nicht auf, aber ... das Dosenfutter vertrug Norbert nicht gut. Gar nicht. Da ist Renate Bergmann um ein ehrliches Wort nicht verlegen. Das macht doch eine richtige Freundschaft aus, dass man so was zum Thema macht, nich? Gertrud hat fortan anderes Futter gekauft, mit viel Reis und Gemüse und weniger Maggi. Das verdaute er besser, und es roch nicht so streng. Doch dann hat Gertrud in irgendeiner Zeitung beim Tierarzt gelesen, dass Harzer Käse ein glänzendes Fell macht, und nun füttert sie ihm als Leckerli jeden Abend einen halben Laib von diesem stinkenden Zeug. Wie sich das auf die Verdauung auswirkt, nee! Es hat doch alles gar keinen Sinn. Die macht, was sie will. Norbert wird immer ein ungezogenes, verspieltes Tier sein und nie ein Wachhund werden. Wenn bei Gertrud mal ein Einbrecher am Bett steht, bringt Norbert ihm höchstens seinen Ball. Aber Gunter Herbst versucht sein Bestes mit Norbert, lassen Se ihn sein, wie er will.

Nee, ich weiß nicht, ob Gunter der richtige Mann für Gertrud ist. Meine Mutter hätte gesagt: «Mädel, komm, das ist kein Umgang für dich.» Aber mit 82 – wissen Se, wenn man da einen Fehler macht, ist es nicht so schlimm. Ehe man es bemerkt, ist vielleicht alles vorbei. Soll Gertrud sich mit ihm vergnügen. SIE muss letztlich vor ihren Schöpfer treten und ihm das erklären, nicht ich.

Gunter hat mit Sicherheit nichts geregelt. Er ist 83, und jede Art von Papierkram liegt ihm fern. Dabei lohnt es sich bei ihm bestimmt. Gunter hat bestimmt Geld. Er läuft in 30 Jahre alten Manchesterhosen rum und gibt nie was aus. Wenn wir ausgehen, bleibt er zu Hause, um auf Norbert aufzupassen. Ich frage auch gar nicht mehr, ob er mitkommt. Gunter hört so schwer, dass es keinen Sinn hat, ihn mitzunehmen. Er sitzt am Tisch, guckt grimmig, und wenn man ihn was fragt, hört er es nicht. Man muss ihn anbrüllen, die Frage wiederholen, und dann brüllt er was zurück. Meist ergibt das keinen Sinn. Fragt man ihn, wie ihm die Musik gefällt, schreit er «Dienstag». Sagt Gertrud, dass es nun nach Hause geht, sagt er «morgens eine Halbe, abends zwei nach dem Essen». Der Einzige, der sich mit ihm versteht, ist Kurt. Männer! Wissen Se, viermal war ich verheiratet, aber ich werde die nie verstehen. Kurt sagt ja auch nicht viel. Manchmal «Jau», und das war es dann wieder für einen halben Tag. Ilse denkt und redet für ihn mit. Wenn man mit Kurt aber mal allein unterwegs ist – wie damals, als Ilse bei ihrer Schwester war und wir sie vom Bahnhof abgeholt haben, zum Beispiel –, staunt man, dass er sogar zusammenhängende Sätze kann. Er hat mir auf der Fahrt von sich aus erzählt, was er sich zu essen gemacht und abends im Fernsehen geguckt hat und dass die Zeitung erst um fünf nach vier da war. Kurt sagt, dass Frauen 30 000 Worte am Tag sprechen müssen, weil sie sonst Kopfschmerzen kriegen, und da er auf Nummer Sicher gehen will, lässt er Ilse seinen Anteil mitsagen, damit sie sich nicht wiederholen muss. Ein richtiger Witzbold ist unser Kurt!

Gunter Herbst sagt nie was. Er und Kurt sitzen da, nicken sich ab und an zu und sagen hin und wieder «Jau» oder «Prost», wenn sie mal ein Bier trinken. Ich dachte immer, sie reden heimlich, aber das würde Ilse merken.

Es stört Gunter auch nicht, wenn Gertrud sich beim Tanzvergnügen von anderen Herren auffordern lässt. Da sind ja so viele Halunken unterwegs ohne ernste Absichten, Sie ahnen es nicht. Und Gertrud poussiert mit den ollen Gockels rum wie eine läufige Hündin. Dabei muss man so vorsichtig sein heutzutage, es sind so viele Herren unterwegs, die eine Haushälterin oder eine Pflegerin suchen, oder sie haben es von vornherein nur aufs Geld abgesehen. Beim Rentnerfasching hat sich Gertrud den Herrn Haller angelacht. Gunter sagt da nichts, der ist im Grunde froh, wenn er den Abend über seine Ruhe hat und Bier trinken kann, ohne dass Gertrud jede Flasche mitzählt. Jedenfalls hat der Haller beim Schunkeln zu ihr gesagt, sie sähe aus wie der junge Frühling. Männer werden das nie lernen, dass man Süßholz mit feiner Feile raspelt und nicht mit der Axt beschlägt. Frauen hören zwar gern Komplimente, aber so primitives Werben ist doch eine Beleidigung. So ein hinterhältiger Trottel. Nee, man muss so aufpassen! Der wollte Gertrud doch nur ans Sparbuch, ich kenn den!

Ich glaube, nicht mal Gertrud weiß, ob bei Gunter Herbst was zu holen ist. Gertrud sagt, er murmelt immer was von «wer mich mal beerbt, der wird noch staunen», aber sie glaubt nicht richtig daran. Er war immer Landwirt, und so was wie ein Finanzamt kennt der überhaupt nicht. Der hat immer in bar gewirtschaftet und Gertrud denkt, dass unter der Matratze oder auf dem Heuboden was ist. Nee, Bauer sucht Frau und Gertrud sucht Geld, so ist es doch wohl!

**Eine gute Hausfrau putzt, bevor es dreckig ist.**

Sie ahnen ja nicht, wie Gertrud bei Gunter putzt und aufräumt, seit sie quasi bei ihm eingezogen ist! Zu Hause ist sie kein Musterbeispiel einer guten Hausfrau, das kann man wirklich nicht sagen. Die putzt die Fenster nur alle zwei Monate, und die Fransen vom Teppich sind auch nie glatt gebürstet. Sie hat es von zu Hause nicht anders mit auf den Weg bekommen, da kann man nicht mehr viel erwarten. «Was Hänschen nicht lernt, lernt Hans nimmer mehr», heißt es doch. Und Gertrud erst recht nicht.

Letzthin habe ich mit ihr alte Fotos angeguckt. Auf einem Bild machte meine Mutter gerade ein Fußbad in einer weißen Emailleschüssel. Ach, wir beide schwelgten in alten Zeiten und erinnerten uns an früher. «So eine Schüssel hatten wir auch», sagte Gertrud. «Mutter hat darin zu Weihnachten Kartoffelsalat gemacht und zu Silvester immer Heringssalat.» Das war bei Gertrud zu Hause genauso wie bei uns. Silvester gab es zwar auch Kartoffelsalat, aber in einer kleineren Schüssel. Traditionell wurde Heringssalat gemacht, nur für die, die eine Extrawurst gebraten haben wollten, gab es Kartoffelsalat. Solche Leute gab es immer schon, damals wie heute. Heute sind se wegan, und damals aßen sie eben keinen Heringssalat.

Einen Unterschied gab es aber doch zwischen Gertrud und mir: Wir hatten auch nicht viel Geld, und Mutter musste jeden Pfennig zweimal umdrehen, aber wir hatten doch verschiedene Schüsseln fürs Fußbad und für den Heringssalat! So weit hätte Mutter es nie kommen lassen. Sie sagte immer «Renate», sagte sie, «Renate, wir sind zwar keine reichen Leute, aber wir sind saubere Leute». Dass wir Heringssalat in einer Schüssel machen, in der wir vorher die Füße gebadet haben, das hätte sie niemals zugelassen. Wenn ich nur daran denke, wird mir ganz heiß. Wir hatten auch immer getrennte Lappen fürs Gesicht und untenrum, und auch bei den Handtüchern achtete sie auf Hygiene. Es gab helle in Weiß, Rosa oder Gelb für das Gesicht und dann welche in gedeckten Farben und mit Mustern für die Füße und was es unterhalb der Schultern eben sonst noch trocken zu rubbeln gab. Bei Gertrud ist das von Hause aus eben anders. Und ihre Küchenschubladen sehen aus wie nach Zunahmi!

Wenn Gertrud bei Gunter ist, räumt sie selber auf. Zu Hause wird das bei ihr nichts, aber Gunters Geld spornt sie offenbar an. Jede Woche nimmt sie sich eine Ecke vor. Die Küche und die Schlafstube hat sie schon durch, aber sie sagt, sie hat nichts gefunden. Keinen Pfennig weit und breit. Ich glaube ihr nicht. Gertrud reichte mit der Rente sonst kaum bis zur Monatsmitte hin, und wenn der Witwenclub zusammenkam, hat sie am dritten Dienstag nur noch Kaffee ohne Kuchen bestellt. Seit sie Gunter kennt, kauft sie ständig neue Kittelschürzen, um ihm zu gefallen. Und beim letzten Treffen vom Witwenclub hat sie mit einem 20-Euro-Schein bezahlt. Die hat das Geld längst gefunden, sage ich Ihnen, oder Gunter steckt ihr was zu. Soll se! Es ist ja auch nicht leicht mit dem stieseligen ollen Bock, da soll sie ruhig auch was davon haben.

Ich wette mit Ihnen, wenn man bei dem mal unter der Matratze oder im Spülkasten in der Badestube guckt, da stapelt sich das Geld. Hoffentlich hat er alles immer umgetauscht und nicht noch Mark liegen, bei dem weiß man nie. Wie oft habe ich schon zu Gertrud gesagt: «Ich komme mal mit dir mit, wir machen gründlich reine und gucken uns das mal an» – aber sie will nicht. Ich glaube, die weiß genau, wo Gunter das Geld liegen hat, und stibitzt ihm ab und an einen Schein. Das würde auch erklären, warum sie nicht heiraten will. Warum sollte sie, wenn sie auch so an das Geld kommt? Ach, es soll nicht meine Sorge sein. Aber man macht sich eben seine Gedanken.

**Gott sei Dank haben Ilse und Kurt einen Koyota und keinen VW. Wir haben heute am Auspuff gerochen, da ist alles in Ordnung mit dem Abgas.**

Nee, bei Gertrud mache ich mir keine Gedanken. Die muss das selber regeln, da mische ich mich nicht ein. Sie weiß nicht mal, was sie hat, und was sie will, weiß sie erst recht nicht. Da blickt ja keiner durch, nicht mal Gertrud selbst. Als ich angeregt habe, die Verhältnisse mit einer zweiten Ehe zu ordnen, hat sie zu mir gesagt: «Renate, wer kauft schon ein ganzes Schwein, nur weil er ab und an mal Wurst essen will?» Da war ich baff, und mir fiel nichts mehr ein. Was Männer betrifft, war Gertrud schon immer eine, die gern à la carte gelebt hat. Wie die Berber, das lose Weibsbild aus meinem Haus. Die bestellt auch gern spätabends noch Pizza, und dann stehen die ganze Nacht über die Männerschuhe vom Boten im Flur. Wissen Se, dass sich nicht mal der Herr Pfarrer daran stört? Ich habe ihn mehrfach darauf angesprochen. Aber der hat mehr Interesse an seiner Briefmarkensammlung als an der Moral seiner Schäfchen. Wozu ich freitags eigentlich noch Fisch esse, frage ich mich.

Ganz anders ist das bei Ilse und Kurt. Gläsers haben alles ganz genau verfügt, da bleiben keine Fragen offen. Sie haben eine Doppelgrabstelle auf dem Waldfriedhof reserviert und mussten schon nachbezahlen, denken Se sich das mal. Ilse ist eine sehr vorsichtige Frau. Als sie pensioniert wurde – damals gingen die Frauen ja schon mit 60 in den Ruhestand –, ist sie gleich los zum Bestattungshaus und hat festgelegt, wo sie beerdigt werden wollen. Kurt ist es im Grunde egal, was mal wird mit … dem, was von ihm bleibt. Er will nur nicht verbrannt werden, mit der Hitze hat er es nicht so. Er schläft auch gern bei offenem Fenster. Er kann erst so richtig fest schlafen, wenn ihm der Ostwind um die Nase pfeift. Das kennt er noch so von früher, vom Militär. Er hat auch einen sehr leichten Schlaf und ist immer gleich raus aus dem Bett, wenn die Zustellerin morgens um vier die Zeitung einwirft. Er schimpft dann, dass sie so laut mit der Klappe vom Briefkasten klappert. Aber Kurt wird auch um vier Uhr wach, wenn die Zeitung mal später kommt. Dann schimpft er, dass ihm das vertraute Geräusch fehlt und er davon wach wird. Man kann es ihm nicht recht machen.

Ja, und da die Grabstellengebühr immer nur 20 Jahre gilt, mussten sie nun nachlösen. Das ist wie bei der U-Bahn. Wenn man nur Kurzstrecke gelöst hat und dann doch weiterfahren will, muss man nachzahlen. Aber Ilse wollte beizeiten alles verfügt haben und der Tochter da nichts aufbürden.

Gläsers haben lange nach dem genau richtigen Platz gesucht. Kurt wollte es praktisch, also am besten gleich neben dem Eingang, dass er nicht so weit zu laufen hat, falls Ilse vor ihm … also, falls er gießen muss. Ilse hingegen will Morgensonne, und ab Mittag muss Schatten sein und vor allem Ruhe. «Gleich neben das Tor? Ich bitte dich, Kurt! Da trampeln alle vorbei, und man hört die Straße. Ich lass mich doch nicht am Straßenrand begraben!» Sie haben sich schließlich geeinigt und ein sehr hübsches Plätzchen gefunden, schön mittig, der Wasserhahn nicht weit und hohe Tannen in der Nähe, die Schatten spenden. Doch, es ist eine sehr schöne Stelle. Tannen nadeln zwar, aber die werfen kein Laub ab, das man dann ständig wegharken muss. Bei Franz stehen Eichen, da bin ich nur am Harken!

Sie haben auch einen Grabstein ausgesucht, aber noch nicht aufgestellt. Das ginge wohl auch, aber das sieht dann oft so aus, als würden die Leute nur auf den Tod warten. Und er muss ja doch noch mal weg vom Fleck, damit der Steinmetz die Sterbedaten nachtragen kann. Was glauben Sie, wie der Obelisk aussehen würde, stände er schon 20 Jahre da rum. Wie die Akropolis von Spandau. Als ich damals den Stein für meinen Walter bestellt habe – schwarzer Granit, sehr gediegen –, fragte der Steinmetz: «Und, Frau Bergmann, soll ich «RENATE» und Ihr Geburtsjahr gleich mit raufschreiben?» Nee, das war mir nichts. Damals war ich gerade Anfang 60. Weiß man denn da, ob man bis ans Ende seiner Tage allein bleibt? Das stand noch gar nicht fest. Und außerdem hätte ich mich die ganzen Jahre gefühlt, als würde es nun langsam Zeit. Das können die machen, wenn ich zur Ruhe getragen wurde.

Für mich war lange offen, wo sie mich mal hinlegen sollen. Ich habe mich jetzt für Walters Seite entschieden. Das ist dichte bei, und sowieso war Walter mein letzter Mann. Ich könnte zwar auch zu einem der anderen drei – aber das gäbe doch nur Gerede. Sie wissen doch, wie die Leute sind. Wenn ich nun zu Franz in die Grube ginge, da würden die Kinder von Walter schon schief gucken. Ich kann die Gören schon hören: «Siehste, sie hat den Vati nie richtig geliebt, ich habe es euch ja immer gesagt. ABER das Erbe einstreichen!»

Ja, mein Walter ... er ist viel zu früh gegangen. Er war ein feiner Mensch, der immer auf sich achtete und auch gern gute Anzüge aus bestem Tuch trug. Er legte großen Wert darauf, immer gut gekleidet zu gehen. Wie manche Herren loslaufen – mit Niethosen oder Manchesterhosen –, das wäre für Walter nie in Frage gekommen. Ich habe ihn in dem guten schwarzen Anzug beerdigen lassen, den er zu unserer Hochzeit getragen hat. Ins Knopfloch am Revers habe ich ihm eine getrocknete Rose von meinem Brautbouquet gesteckt. Erst letzten Sommer habe ich seine Anzüge weggegeben, so lange hingen sie noch im Schrank. Erwin Beusel passen sie nicht, der hat ein bisschen Bauch, und Herrmann Hagekorn biete ich keine getragenen Sachen an. Der trägt nur Maßgeschneidertes. Kurt habe ich ihn auch angeboten, Ilse und er waren nämlich auf der Suche nach einem für Kurt, aber Walter war einen Kopf kleiner als Kurt, und das schlägt direkt auf die Hosenlänge durch. Nachdem Kurt monatelang nur knapp Fleisch bekam wegen Kirstens Humbug-Therapie, hatte er irgendwann mit der Faust auf den Tisch gehauen und wieder tüchtig zugelangt beim Essen. Sie wissen ja, wie das ist mit dem Joghurt-Effekt – plötzlich waren nicht nur die Kilos wieder drauf, die er sich weggehungert hatte, sondern noch drei mehr –, mit dem Resultat, dass sein Trauanzug, in dem er mal beigesetzt werden sollte, nicht mehr passte. Walters gutes Jackett hat gesessen wie angegossen, aber die Hose war viel zu kurz. Also sind Ilse und Kurt los und haben einen Anzug ausgesucht. Er ist wirklich wunderschön, aber Kurt darf ihn nicht tragen, da er «für gut» bleiben soll und eben für die Beisetzung. Der Verkäufer war der Meinung, die Hosen wären etwas lang, und hat angeboten, sie zu kürzen – das wäre im Sörwiss mit drin. Aber Ilse hat ihm erklärt, dass es nur wichtig ist, dass der Anzug im Liegen richtig passt.

Wenn sich Gläsers streiten, was in ... lassen Se mich nachrechnen ... nee, jetzt kriege ich regelrecht einen Schreck: über 60 Jahre? Kinder, wie die Zeit vergeht! ... schon mal vorkommen kann, ist es so, dass Kurt oft gar nicht merkt, wenn Streit ist. Er redet eben einfach nicht viel. Wenn er morgens hinter der Zeitung kurz was brummt, weiß Ilse, dass es ihm gut geht. Manchmal hört Ilse das Brummen aber nicht, weil vielleicht der Tauchsieder, mit dem sie das Wasser für den Kaffee heiß macht, gerade so laut zischt, und dann macht sie sich Sorgen. Aber für Kurt ist dann genug geredet, und er sagt erst gegen Abend wieder was und fragt, wann es Essen gibt und ob er seine Tabletten schon einnehmen soll. Ilse kommt dann aber auch nicht weiter mit ihm, sie kann reden, wie sie will. Er guckt nur wie ein Kilo Steine und versteht überhaupt nicht, was sie will. Dann wird Ilse böse und schimpft, und es kommt schon vor, dass sie damit droht, dass sie für sich eine eigene Grabstelle sucht. Für Ilse ist das die schlimmste Drohung, die sie sich vorstellen kann. Nur deshalb bezahlt sie immer noch die Grabstelle ihrer Eltern, glaube ich. Sie droht Kurt nämlich manchmal mit «dann gehe ich eben zu Mama und Papa mit aufs Grab!». Früher wollte

Ilse in ihrer Wut manchmal unter dem Nussbaum im Garten beerdigt werden, doch seit der beim schlimmen Sturm umgefallen ist und Gläsers ihn im Kachelofen verheizt haben, grinst Kurt auf diese Drohung hin nur, und Ilse muss auch lachen, weil das so ungewohnt ist, und dann vertragen se sich doch. Nee, der Kurt. Ich habe ihn mal gefragt, warum er das macht. Wenn man mit ihm alleine ist, ist er zugänglicher. Er sagt, wenn man sich so viele Jahre kennt, wäre eben schon alles gesagt, und da Ilse so eine wäre, die einem gerne mal die Worte im Munde umdrehe, würde er nur wenig reden, und wenn, dann Worte, die auch gedreht und gewendet den gleichen Sinn ergeben. Wie zum Beispiel «mmmmh» oder «Jau».

Ich kann das nicht verstehen. Ilse und ich kennen uns schon weit länger als 60 Jahre, und wir haben uns immer was zu erzählen! Und sei es nur, dass Männer merkwürdig sind und schwer zu verstehen.

**Manchmal muss man stur bleiben. Wenn der Klügere immer nachgibt, herrscht irgendwann der Dumme!**

Ich habe das ja gerade nur kurz angedeutet, aber es muss nach all den Jahren doch mal raus: Es gab damals nämlich richtigen Ärger, sage ich Ihnen. Mein Walter hatte Kinder aus erster Ehe. Wissen Se, wenn man mit 60 noch mal heiratet, kann man keine Jungfrau mehr erwarten, da muss man davon ausgehen, dass da schon Familie ist. Ich hatte ja auch meine Kirsten. Damals hatte sie gerade ihre Räucherphase, in der sie alle möglichen Stäbchen abbrannte und dazu Gedichte im Schneidersitz murmelte. Sie roch immer, als hätte sie am Grill gestanden. Beim ersten Treffen dauerte es keine zehn Minuten, bis Kirsten vorschlug, Walters Leberflecken mit Morgenurin zu betupfen. Da war er dann im Bilde. Er war so ein ruhiger und ausgeglichener Mann, und nicht mal Kirsten konnte ihn aus der Bahn werfen. Er sagte leise zu mir: «Renate, für unsere Kinder können wir ja nun alle nichts», und küsste mich auf die Wange. Das stimmt zwar nun nicht, aber er machte in all den Jahren nie Ärger wegen Kirsten, sondern hörte sich ihren Humbug mit viel Geduld an. Was seine Kinder betraf ... Nun.

Walter hatte zwei Söhne, Eberhard und Rolf, und giftige Schwiegertöchter dazu. Zicken wie die Berber, sage ich Ihnen! Die Damen hießen Evelyn und Rita. Die heißen wohl immer noch so. Ich gehe mal davon aus, dass sie noch leben. Kontakt haben wir keinen mehr. Die beiden Jungs hatten zusammen eine Tischlerei. Evelyn war Verkäuferin in einer Bäckerei seinerzeit ... du liebe Güte, sie wird inzwischen wohl auch in Rente sein, die Zeit vergeht ja wie im Flug. Rita hatte keine Arbeit und den ganzen Tag Zeit zu stänkern. Jedenfalls ging das, schon bald nachdem Walter und ich uns kennengelernt hatten, los. Zunächst machten sie auf gut Wetter. «Ach, die Frau Renate!» hier, «Ach, wollen wir nicht ‹du› sagen?» dort, aber als wir beim Kaffee zusammensaßen und Rita mich fragte, ob ich denn schon mal verheiratet war, und ich «Ja, Rita, ich bin dreimal verwitwet» sagte, da ließ die die Gabel auf den Teller fallen, und der eben noch ach so leckere Frankfurter Kranz («da musst du mir aber das Rezept mitgeben, Mutt… Renate!») war auf einmal ungenießbar für sie. Sie wollte genau wissen, wann ich wen geheiratet habe, wann, woran und wie die Herren gestorben sind und ob es Probleme mit dem Erbe gab.

Wissen Se, ich habe nichts zu verbergen. Ich habe mir mein ganzes Leben nichts zuschulden kommen lassen. Also, nichts richtig Schlimmes, wofür ich mich schämen würde. Beamtenbeleidigung klammern wir mal aus, ich konnte schließlich nicht wissen, dass der Herr Wachtmeister so empfindlich ist, aber ich will keine ollen Kamellen ausgraben hier. Ich habe die Strafe bezahlt. Was ich von welchem Gatten geerbt hatte, zählte zu den Dingen, die keinen was angehen, und schon gar nicht an der Kaffeetafel. Das habe ich der Rita auch klipp und klar gesagt. Vielleicht war das ein Fehler – unser Verhältnis war von da an sehr angespannt. Na ja, und dann hat diese Rita-Natter eben Evelyn, Rolf und Eberhard aufgestachelt. Dass ich eine Hexe wäre, die es auf Walters Geld abgesehen hätte, und dass das dicke Ende ganz nahe sei. Ich habe es sie rufen hören, als ich auf Besuch kam: «Das dicke Ende kommt.» Dabei trage ich eine 38, und sie hätte ganz still sein müssen.

Sie brauchte obenrum eine 50 und über den Hintern bestimmt eine 52. Frechheit. Nun, wir übten uns in höflicher Distanz, aber immer, wenn wir uns sahen, hörte ich den Argwohn in ihren Augen blitzen. Und Sie wissen ja, wie ich bei Gewitter bin.

Immer und immer wieder fing sie mit dem Testament an und dem Erbe. Mein Walter hatte da gar keine Lust drauf. Er war ja gerade erst in Rente gegangen und freute sich auf möglichst viele schöne Jahre bei bester Gesundheit an meiner Seite. Schauen Se, als wir uns kennenlernten, da hatten wir beide gerade unsere Ehepartner verloren. Mit Anfang 60 noch mal jemanden zu finden, der einen versteht, das war etwas, mit dem wir so gar nicht gerechnet hatten. Da hatte keiner Lust, ein Testament zu machen, und Walter schon gar nicht. Sie wissen ja, wie Männer sind, mit dem Schreibkram haben sie nichts am Hut. Walter hat immer schon geschimpft, wenn er was unterschreiben sollte. Er stellte sich immer an, wenn er nur seinen «Walter Bergmann» auf eine Hochzeitskarte oder unter einen Brief an die AOK setzen musste, nee, Sie machen sich kein Bild. Männer! Dann hieß es «jetzt nicht!» und «ich habe meine Brille nicht hier» oder dass wir das abends in Ruhe machen wollten. Aber im Standesamt murrte er nicht. Er setzte die Lesebrille auf, unterschrieb auf dem Dokument, dann reichte er die Brille weiter an Ilse, unsere Trauzeugin, und küsste mich. Sogar Rita war gerührt und klatschte.

Sicher haben wir darüber gesprochen, was wäre wenn ... Er hat immer gesagt: «Renate, viel habe ich nicht. Das, was da ist, reicht, um mich unter die Erde zu bringen, und den Rest teilst du mit den Kindern.» So will es ja auch das Gesetz, die Hälfte für die Ehefrau, und die andere Hälfte wird auf die Kinder aufgeteilt. Das entsprach Walters Willen, und deshalb sah ich gar keine Notwendigkeit, den armen Mann zu langen Schriftstücken zu zwingen. Notar Schulze sagte, das wäre klar und die Gebühren wären höher als die Erbmasse, deshalb wünschte er uns einen schönen Lebensabend und schrieb uns für den guten Rat keine Rechnung.

Ach, und dann ging alles ganz schnell. Anfang März hatte Walter den Herzinfarkt, und dann lag er zwar noch drei Wochen, aber es war klar, dass es zu Ende geht mit ihm. Die Ärzte machten mir keine Hoffnung. Wenigstens hat er nicht lange leiden müssen, das ist ein kleiner Trost. Denken Se mal nicht, dass sich einer von den Kindern hat blickenlassen im Krankenhaus. Die Jungs nicht, und deren Frauen erst recht nicht! Ich habe Tag und Nacht gewacht an Walters Bett, und als er ab und an noch mal die Augen aufmachte, suchte er nach Rolf und Eberhard, aber die waren nicht da. Ich drückte ihm fest die Hand und ließ ihn nicht allein. Abends rief die Rita an und fragte, wie es denn aussieht. Es wäre so viel Arbeit in der Firma, und außerdem könne sie den Krankenhausgeruch nicht ab. Säusel-säusel und gut Wetter. Als Walter eingeschlafen war, stand ich allein da. Sicher, ich hätte mir auch nicht reinreden lassen in die Beerdigung – so weit kommt es noch. Wenn sich Renate Bergmann mit etwas auskennt, dann mit Beisetzungen. Ich rief Bestatter Rachmeier an, der schon in meinem Telefonbüchlein stand. Man hat eben hin und wieder Kontakt.

Ich wollte Walter am liebsten in Staaken beerdigen lassen. Das ist nicht weit weg, da liegt auch Franz, und ich muss im Sommer sowieso alle zwei Tage hin. Zwei Männer auf einem Friedhof – das hätte mir eine Menge Wege erspart. Aber da waren se auf einmal alle wieder da, Rolf und Eberhard und ihre Frauen. Der Vati soll im Osten beerdigt werden? In der russischen Zone? Das käme gar nicht in Frage, Walter war Spandauer, und es stände außer Frage, dass er auch in Heimaterde gebettet werden müsse … da hätten sie als Kinder wohl auch noch ein Wort mitzureden, so weit käme es noch … herrje. Es war ja klar, an wem die Arbeit hängenbleiben würde, aber was wollen Se da machen. Augen auf bei der Partnerwahl, sage ich da nur. Wenn schon erwachsene Kinder aus erster Ehe da sind, lassen Se die Finger davon, das gibt nur Ärger. Walter kam nach Spandau. Wie ich das Gießpensum schaffe, dafür interessiert sich niemand. Für mich heißt es seitdem: vier Männer auf vier Friedhöfen. Aber mich hält das fit, und wenn «Grabpflege» je olympisch wird, drücken Se Ihrer Renate Bergmann bitte die Daumen, wenn sie für Deutschland um Gold kämpft.

Auf der Beerdigung machten Rita und Evelyn dann eine Schau, Sie ahnen es nicht! Sie kamen von Kopf bis Fuß in Schwarz gehüllt und waren tiefverschleiert. Beim Gang in die Aussegnungshalle stützten sie sich! Wahrscheinlich, weil sie unter ihren großen schwarzen Sonnenbrillen gar nichts gesehen haben und zu stolpern drohten. Später plärrten sie so laut, dass man den Pfarrer kaum verstand. Lassen Se Gertrud sein, wie sie will, aber in solchen Momenten ist sie eine gute Freundin und ich kann auf sie zählen. Sie zischte die beiden an und bedeutete ihnen mehrfach, dass sie nicht so übertreiben sollen, aber die ließen sich gar nicht stören und dudelten nur noch lauter vor sich hin.

Ich hatte für den Leichenschmaus das Buffet von Feinkost-Käfer bestellt. Das ist nicht so überkandidelt wie «Zartes Wildleberparfet an einer Reduktion von Preiselbeeren», aber trotzdem gut. Die machen die beste rote Grütze von ganz Berlin, das habe ich auf ein paar hundert Beerdigungsbesuchen rausgefunden. Und da ich auch einen Frühbesteller-Rabatt bekam – als der Doktor sagte, es sieht nicht gut aus mit Walter, habe ich schon das Angebot eingeholt –, war es auch nicht viel teurer als die kalten Platten von Inges Bootshaus und machte doch viel mehr her. Es wurde trotzdem nicht schön. Rita und Evelyn fingen, kaum dass wir bei Tisch saßen, schon an zu sticheln. Ob das Buffet denn so üppig hätte sein müssen, ob es denn nicht auch Musik vom Band getan hätte statt des Streichquintetts, und überhaupt, was die vielen Blumen sollten. Rita sagte sogar: «Wenn du dich dicketun musst mit einer Prunkbestattung, Renate – bitte schön. Aber das geht von DEINEM Anteil weg.» Sie gingen dann ab, alle vier, ohne einen Bissen zu essen. Es blieb so viel übrig vom Buffet, Gertrud und ich mussten es nicht mal heimlich eintuppern und in der Handtasche verst... aber das ist ein anderes Thema. Damit war der Kampf eröffnet.

Ich bin dann gleich zum Rechtsanwalt und habe alles auf den Tisch gelegt – Walters Sparbuch, unser gemeinsames Konto, die Rechnungen für die Beerdigung und vom Käfer. Er hat sich alles angehört und gesagt, es war richtig, dass ich gekommen war, und dass wir die Damen mal machen lassen sollten.

Denen stand gemeinsam die Hälfte zu und mir als Ehefrau die andere Hälfte, so war es nämlich! Ich habe sogar noch Gertrud, Ilse und Kurt als Zeugen benannt, die gehört hatten, wie Walter immer gesagt hat, es soll so aufgeteilt werden, wie es im Gesetz steht, aber das war gar nicht nötig. Sie fanden nicht mal einen Rechtsanwalt, der sich auf den Blödsinn einließ. Rita schickte deshalb ein paar selbstverfasste Briefe, die wie von RTL klangen. Ich will hier keine schmutzige Wäsche waschen, aber ... meine Tochter Kirsten ist Legasthenikerin. Wenn sie mir einen I-Mehl schickt, dann muss ich immer rätseln, was sie von mir will, aber vom Sinn her drückt sie sich klar aus. Rita nicht.

Ich habe Walters Beerdigung vom dafür vorgesehenen Sparbuch bezahlt und den halben Grabstein gleich mit – schließlich soll mein Name da auch mal drauf, und bevor die garstigen Weiber mir das vorhalten, habe ich es lieber abgerechnet. Die Hälfte vom Rest habe ich durch zwei geteilt und Eberhard und Rolf einen Scheck per Einschreiben geschickt, mit Blaupausen von allen Rechnungen und Belegen anbei. Eine Renate Bergmann lässt sich nichts nachsagen und regelt solche Dinge mit Anstand und immer korrekt! Ich habe nie wieder was von denen gehört.

―――――――――― Man muss nicht immer
**DAS RICHTIGE** tun, es reicht schon,
wenn man das Falsche **LÄSST**. ――

**Manchmal kommt es anders, und erst recht, als man denkt.**

Nee, so was sollte mir nicht passieren. Ich würde alles ordentlich regeln. Viel war es ja nicht, aber ... ich überlegte hin und her. Da waren die Sparbücher, da war die Sterbeversicherung, die Lebensversicherung, ach, und dann waren da ja auch noch die Bundesschatzbriefchen und dieser Kram mit Inzest, den ich auf der Sparkasse damals unterschrieben habe. Invest. Es wurde wirklich Zeit für meinen Termin bei der Bank! Ich trug mich ja schon seit Wochen mit dem Gedanken, aber Sie wissen ja, wie das ist. Erst hatten wir Witwenclub, dann war Erwin Beusels Geburtstag, der Kater brauchte die Impfung vom Tierarzt ... man hat sein Tun und kommt zu nichts. Aber nun duldete der Termin keinen Aufschub mehr, schließlich muss man ja wissen, wovon man eigentlich redet und wie viel Geld da ist.

Also bin ich auf die Sparkasse. Früher musste ich immer zu einem Püppchen mit rotem Kostüm, Stöckelschuhen und langen Krallen. Sie hieß Melanie Würselen-Mermagen, und es hat lange gedauert, bis ich das behalten habe. Es war auch ganz umsonst, denn sie war nicht mehr für mich zuständig und arbeitete jetzt in einer anderen Abteilung. Umstrickung. Strukturierung. Wie das eben heute heißt, wenn sie einen versetzen, weil er Mist gebaut hat. Für mich war jetzt Herr Schneider zuständig. Herr Schneider war Mitte 30, trug das Haar ordentlich gescheitelt, aber mit viel Gel verkleistert, und einen Anzug, den ihm die Mutti wohl zur Konfirmation ausgesucht hatte. Er war an den Knien schon ganz abgewetzt, und ein Knopf hing so locker, dass es mich die ganze Zeit in den Fingern juckte, ihn abzureißen und neu anzunähen. Ich habe Nadel und Faden immer einstecken in der Handtasche, das können Se sich ja wohl denken.

Der Schneider war auffallend freundlich, führte mich aus der Schalterhalle in ein Büro und sprach so laut mit mir, dass es schon fast indiskret war. Ich bin alt, jawoll, aber man kann doch wohl erst antesten, ob ich schon taub bin, und muss nicht gleich vom ersten Wort an brüllen! Meine Güte.

Was die da in der Sparkasse für Sessel kaufen von den Zinsen, die sie uns Kunden abnehmen – das geht auf keine Kuhhaut. Wackelig und unbequem, aber bestimmt sündhaft teuer. Das sieht man doch. Da habe ich einen Blick für. Kann man denn da kein bequemes Gestühl hinstellen? Wenn wir Alten zusammen sind, sagen wir mal, beispielsweise bei Gläsers zum Kaffeenachmittag, dann gibt es immer einen kleinen Streit, wer auf die Stühle darf und wer in den Sessel muss. Als alter Mensch kommt man vom Sofa so schwer wieder hoch, hören Se.

Man muss zwei-, dreimal Schwung holen mit dem Po und sich mit den Händen abstützen, dann geht es. Wer aber zu viel Schwung nimmt, stößt an die Kaffeetafel und eine Tasse kippt um, und dann gibt es wieder eine Aufregung. Nee, ich sehe immer zu, dass ich zeitig da bin und auf einen der Stühle darf. Wie Reise nach Jerusalem rückwärts ist das. Hihi. Aber wissen Se, Ilse legt gern die bestickten Tafeltücher ihrer Mutter auf, da will man nicht schuld sein, wenn was drankommt. Flecken von Bohnenkaffee gehen so schwer raus!

Bei der Sparkasse hatten sie so komische Dinger aus blankem Stahl und mit einem quer gespannten Tuch aus Leder. Das sah aus wie eine Hängematte. Ich wollte da gar nicht rein. Aber schließlich war es wichtig. Der Schneider-Fatzke lächelte und nickte mir beruhigend zu. Ich ließ mich plumpsen und hing da wie so ein Kind auf der Schaukel. Die Brille war mir auf die Nasenspitze gerutscht, der Rock rollte sich bis fast übers Knie hoch, und die Füße baumelten in der Luft. Du lieber Himmel! Das Jungchen sprang eilig herbei und ergriff meinen Arm. Hören Se mir auf, ich dachte schon, ich mache eine Rolle rückwärts in der Lederschlaufe! Ich konnte so was schon als Schulmädel ganz schlecht, Fräulein Thiele, die Turnlehrerin, hatte immer ihr Leid mit mir. Bei Völkerball war ich gut und auch im Dauerlauf, aber Geräteturnen lag mir nie. Als ich Fräulein Thiele beim Bockspringen dann so böse in den Unterleib getreten hatte, dass sie sich krümmte, war ich befreit. Fortan durfte ich zusammen mit den älteren

Mädchen, die nicht mitturnen durften, weil sie ihren «monatlichen Besuch» hatten, auf der Bank sitzen.

Der Herr Schneider bekam wohl Angst, dass er mich nicht allein aus dem Sessel bekommen würde, und rief nach Hilfe. Die Sekretärin eilte herbei und brachte auch gleich einen ordentlichen Bürostuhl mit, auf dem ich sicher sitzen konnte. Die Rollen konnte man auch feststellen. So ging es viel besser.

Der Schneider-Bursche ließ auch Kaffee und Kuchen auffahren, was mich stutzig machte. So sind diese Bankmenschen doch sonst nicht! Erst schicken se uns raus in die Vorhalle an die Automaten und lassen uns die Arbeit machen mit dem Überweisen und dem ganzen Kram, und auf einmal spendieren sie Kuchen?

«Sehen Sie, Frau Bergmann, es ist so ...» begann er zu referieren, während er auf Milch und Zucker deutete und mir ein Stück Frankfurter Kranz auf meinen Teller hob. Das Porzellan war schlicht, gefiel mir aber ausgesprochen gut.

«Obacht, Renate», dachte ich, «der will dich einwickeln oder hat was zu beichten.» Ich kenne doch die Männer! Wenn die so dahergeschlichen kommen, haben sie was angestellt. «GIB OBACHT und hör auf jedes einzelne Wort!»

Er rückte es sich in seinem Lederstreifen halbwegs bequem.

«Frau Bergmann, uns ist da ein bedauerlicher Fehler unterlaufen», eröffnete er die Beichtstunde.

So was dachte ich mir schon, nach dem ganzen Programm. Mir wurde schlagartig blümerant. Mein schönes Geld! Wissen Se, ich hatte mir alles mühsam vom Munde abgespart. Es war ein hübscher Betrag zusammengekommen, und auch wenn Lebensversicherungsgeld meiner Männer dabei war, war es kein Geschenk, sondern meiner Mühen Lohn! Jede Frau, die verheiratet ist, wird mich verstehen. Geerbt ist nicht geschenkt, sondern verdient.

«Im Rahmen der Finanzkrise wurden die Regelungen für die Beratung unserer Kunden verschärft. Wir müssen nachweisen, wie wir Sie beraten haben, und müssen das auch penibel dokumentieren.»

«Nur sichere Anlagen, das habe ich immer gesagt!», unterbrach ich ihn.

«Ja, Frau Bergmann, genau da kommen wir zum Punkt. Wirklich keine Milch in den Kaffee? Vielleicht noch ein Stückchen Frankfurter Kranz?»

Der Schnösel sah doch, dass ich gerade den ersten Bissen auf der Kuchengabel hatte! Der war so nervös und wand sich wie ein Aal. Der musste ordentlich was verbockt haben. Na, der sollte erst mal rauskommen mit der Sprache, und dann würde er mich schon kennenlernen. Ich habe Rechtsschutz!

Kirsten hat das für mich abgeschlossen, nachdem Gertrud und ich dem Herrn Briesewitt eine Mohrrübe in sein Auspuffrohr gesteckt hatten. Es gab ein furchtbares Theater. Der hatte es aber wirklich verdient, was stellt er sein Auto auch genau auf den Parkplatz von

Gläsers? Kurt stellt den Koyota IMMER direkt vor Gertruds Haus ab, das weiß der Briesewitt ganz genau. Das mit der Mohrrübe hätte bestimmt keiner bemerkt, würde Frau Hufnagel nicht den ganzen Tag hinter der Scheibe hängen. Die hat es gemeldet. Sie hatte sowieso noch eine Rechnung mit mir offen, weil sie mal auf meiner frisch gebohnerten Treppe hingefallen ist. Aber das war nun wirklich ihre eigene Schuld, sie hätte besser gucken müssen. Kirsten hat sich nach dem Vorfall mit dem Auspuff aufgeführt, als wäre sie die Mutter und ich das Kind. Fehlte bloß noch, dass sie mir Fernsehverbot erteilte. Ein Geschrei, nee. Herrn Briesewitt war es trotzdem eine Lehre, der hat danach nie wieder in Gertruds Straße geparkt, seit er Kurt beim Ausparken zugesehen hat.

Kirsten schimpft zwar, weil der Rechtsschutz jedes Jahr teurer wird, aber das ist ihr Problem, SIE wollte es schließlich, nicht ich.

«Herr Schneider, nun sagen Se freiheraus, was passiert ist. Wie viel ist noch da?»

Mir langte es. Wenn ich was nicht leiden kann, ist das Schleichen um den heißen Brei. Wenn was passiert ist, sagt man es offen, überlegt, trinkt einen Korn oder zwei und findet eine Lösung oder zwei.

«Frau Bergmann, wir haben ... nun, Sie hatten damals gesagt, keine riskanten Anlagen. Keine Fonds, keine Aktien oder irgendwelche Risiken gleich welcher Art. Leider ist beim Übertragen des Beratungsprotokolls in unsere EDV ein unverzeihlicher Fehler passiert und … nun … ich … wir haben seinerzeit ein Häkchen falsch gesetzt. Wir haben für Sie Aktien gekauft.»

«Ich glaube ja wohl, ich höre nicht recht. Herr Schneider!»

Ich versuchte aufzustehen, um meinen Worten mehr Nachdruck zu verleihen. Wissen Se, wenn man als Oma im Sitzen schimpft, wirkt es doch nicht. Man muss sich hinstellen und böse gucken. Ich wollte mich gerade aufrichten, da nutzte der Herr Schneider die kleine Pause aus und redete einfach weiter. Dieser Lauser!

«Bevor Sie sich aufregen, Frau Bergmann, lassen Sie uns doch bitte einen Blick auf Ihren Depotauszug werfen», sprach der gegelte Bursche und zwinkerte mir zu. Er drehte seinen Schirm in meine Richtung, kam um den Tisch und tippte mit dem Finger auf eine Zahl. Ich kniff die Augen zusammen und schlug sie wieder auf. Dann nahm ich die Brille ab und strich mir über die Augen. Ich setzte sie wieder auf und fragte:

«Ist das in Euro?»

«Ja.»

«Und … muss man da noch zwei Stellen wegstreichen, sind das Cents?»

«Nein. Die Cents stehen hier.»

Ach du liebe Zeit.

Jetzt durchfuhr es mich heiß und kalt. Ich war sprachlos, so einen Schreck hatte ich bekommen. Der junge Mann nutzte meinen Schock aus und erzählte mir, was ungefähr geschehen war, ich fasse das für Sie mal kurz zusammen:

Die Würgemal-Meerbusen hat damals beim Abtippen was falsch gemacht. Sehen Se, das geht so schnell! Wenn ich nicht aufpisse, steht hier was Unanständiges statt «aufpasse», das passiert ruck, zuck. Und hinterher hat keiner mehr überlegt, dann war ich eine Nummer in deren Computer, und die haben Aktien von meinem Spargeld gekauft. Irgendwas mit Händi. Von der Firma, die die Wischgeräte mit der angebissenen Tomate hintendrauf macht. Und weil immer mehr Menschen so ein Gerät wollten und die sich dumm und dämlich verdient haben, waren die Aktien auf einmal zwölfmal so viel wert wie zum Zeitpunkt, als sie sie gekauft haben. Oder noch mehr, das schwankte immer mal.

Ich werde den Teufel tun und Ihnen verraten, wie viel es genau war. Das geht keinen was an. Auch nicht, wie viel es vorher war – dann können Se es ja ausrechnen. Nee, nee, nicht mit Renate Bergmann! Da passe ich auf, ich bin auf Zack. Nachher liest hier noch das Finanzamt mit? Ich sage nur so viel: Man könnte gut ein kleines Häuschen davon kaufen. Mit Garten und Garage.

Der Sparkassen-Schneider erzählte dann noch was von Depotgebühren und Steuern und … ach, wissen Se, ich wollte das gar nicht hören. Ich habe ihm gesagt, dass er den Quatsch sofort beenden und verkaufen und mir das Geld auf dem Sparbuch eintragen soll. Noch heute. Bevor die sich das anders überlegen. Ich kenn die doch, nachher liest noch einer was nach, und dann finden sie raus, dass man das Geld nicht behalten darf, wenn es ein Versehen war, und ich stehe da und muss noch was nachzahlen. Nee, nee. Am liebsten hätte ich es ja in bar mitgenommen und im Spülkasten in der Badestube versteckt, wo ich immer meinen Notgroschen … aber das ist ein anderes Thema.

So haben sie es dann auch gemacht, und ich ging nach Hause und war fix und fertig. Ich brauchte erst mal einen Korn, und zwar einen doppelten! Die Freude war groß, aber ich hatte auch ein ganz mulmiges Gefühl. So viel Geld hatte ich noch nie, wissen Se. Ich hatte immer bescheiden gelebt und alles, was ich mir vom Munde abgespart hatte, in den Strumpf getan. Und nun drohte der fast zu platzen, Nylon hin oder her. Das konnte ich gar keinem erzählen! Wissen Se, über Geldangelegenheiten spricht man einfach nicht. Genau wie über Frauenleiden. Höchstens mit ganz engen Freunden oder mit der Familie.

Ich trank noch einen dritten Korn an dem Abend, legte die Zähne ins Glas, stellte die Heizdecke auf zwei und grübelte mich in den Schlaf.

**«Geld verdirbt den Charakter.» Das mag so sein, aber was man nicht hat, kann auch nicht verderben, nich wahr?**

Was macht man denn mit so viel Geld? Es für mich auszugeben war Quatsch. Was braucht man denn als alter Mensch groß? Die Rente reicht für die Miete, und da ich auf der Bräuteschule gelernt habe, mit wenig Geld zu haushalten, komme ich gut über den Monat und kann mir trotzdem noch eine Busfahrt leisten und einen schönen Urlaub mit Gertrud ein-, zweimal im Jahr. Ich wusste auf Anhieb gar nicht, was ich mir hätte kaufen sollen.

Aber sollten es die anderen kriegen? Und wenn ja, wer? Kirsten? Sie ist meine Tochter und selbstverständlich auch meine Erbin. Die Hälfte kriegt sie sowieso, so will es das Gesetz. Da kann ich gar nichts dran ändern, sie könnte klagen. Aber nur die Hälfte von dem, was noch da ist. Hihi. Ich habe mich tage- und wochenlang belesen und auch den Rechtsanwalt konsultiert in der Angelegenheit, es ist gar nicht so leicht. Was man ausgibt und verlebt, das ist weg, da kann Kirsten nichts dagegen machen. Aber wenn ich jemandem noch zu Lebzeiten was schenken würde, könnte meine Kirsten das zurückfordern, wenn ich mal nicht mehr bin. Bis zu zehn Jahre rückwirkend, denken Se sich das! Ich traue Kirsten das eigentlich gar nicht zu, aber man weiß ja nie. Man hat schon Pferde vor der Apotheke … Und man kann auch viel falsch machen. Wie Roswitha Köffke.

Roswitha ist eine herzensgute Frau. Sie hat als Verkäuferin gearbeitet, und ihr Mann war irgendwo was mit Schrauben und Benzin, ich glaube, in einer Werkstatt für Traktoren. Ich könnte bei Ilse nachfragen, wenn es Sie interessiert … es ist nur ein kurzer Anruf! Nein, es macht keine Umstände. Warten Se.

Ja.

Ich hatte recht. Sigmar Köffke war Mechaniker in einer Traktorenwerkstatt. Ach, mir ist doch wohler, wenn ich es richtig schreibe und nicht solche Vermutungen und Halbwahrheiten wie die im Goldenen Blatt der Frau. Ilse weiß so was immer, die merkt sich das. Die weiß auch noch, welcher ihrer Schüler 1972 welche Note im Aufsatz hatte … dafür vergisst sie aber immer wieder, wo bei LIDL die Butter liegt.

Roswitha und Sigmar wohnten mit Sigmars Eltern im gleichen Haus. Das war früher ganz normal, da lebten oft vier Generationen unter einem Dach, und irgendwie ging es, auch wenn es eng war. Da kamen die Alten nicht gleich ins Heim, und die Jungen machten sich nicht auf und davon. Der Familienzusammenhalt war ganz anders als heute. Der älteste Sohn hat in der Regel das Haus übernommen, die Töchter haben weggeheiratet, und keiner hat groß überlegt. Das war eben so!

Bei Köffkes ging das lange gut. Sigmars Vater starb bald nach der Wende. Die Mutter wurde 86 und wuselte bis zum Schluss noch mit im Haushalt rum, half Kartoffeln schälen und was eben noch so ging, der Abwasch, die Hausaufgaben mit den Urenkeln und ab und zu ein Prellballspiel. Oma Köffke hatte zwei Stuben für sich allein oben unterm Dach: ein eigenes Wohnzimmer mit Fernseher und eine kleine Schlafkammer. Das langte ihr hin. Sie konnte für sich sein, wenn sie wollte, und runtergehen, wenn ihr nach Gesellschaft war. Badestube und Küche teilte sie nämlich mit den Kindern.

Ja, für mich wäre das auch nichts, ich habe auch gern mein eigenes Reich – aber die Köffkes waren es seit Generationen so gewohnt. Da standen dann eben Omas Zähne neben der Zahnspange der Urenkelin unterm Spiegelschränkchen, und keiner hat sich daran gestört. Soweit mir bekannt ist, kam es auch zu keinen Verwechslungen. Sie teilten sich sogar eine Sprudeltablette. Die Dinger sind teuer, und man muss sparen, wo man kann! Ich nehme auch immer nur eine halbe und die andere dann am nächsten Abend. (Blutdrucktabletten kann man schließlich auch teilen, die haben so einen geriffelten Strich in der Mitte, das kennen Se bestimmt.) Und wenn man das Wasser nicht bis zum Schälchenrand füllt, wird die Prothese genauso sauber. Ilse und Kurt nehmen ja eine ganze Tablette. Sie legen aber auch die Zähne in ein gemeinsames Glas. Über 60 Jahre Ehe hin oder her, das wäre mir persönlich zu viel Nähe. Zumal Kurt ja nicht mehr so gut sieht … und … ach, ich will nicht indiskret sein, aber … wenn Kurt morgens der Erste im Bad ist, dann kann es schon passieren, dass er wieder mit Lippenstift auf den Schneidezähnen rumläuft und Ilse den ganzen Tag den Kiefer schiebt, weil ihr alles zu locker sitzt. Nee, die beiden!

So was hat es bei Walter und mir nicht gegeben. Walter war mein einziger Mann, der das Gebiss abends einwässerte, die anderen starben alle noch mit eigenen Zähnen. Und auch wenn ich ihn wirklich geliebt habe – wir hatten immer getrennte Schälchen für unsere Dritten.

Wo war ich? Ja: Bei Köffkes war alles harmonisch, und keiner rechnete damit, dass sich irgendwas daran ändern würde. Als die Oma gestorben ist, brachten sie sie mit Anstand und Würde unter die Erde. Köffkes wurden ins Grundbuch eingetragen, als Erben des Hauses mit Grundstück, Acker und Wald, wie das auf dem Land eben so ist. Es gab ein bisschen Rennerei wegen des Erbscheins, aber das gehört dazu. Bald darauf ging Sigmar in Rente, und Roswitha und er überlegten sich, dass es wohl an der Zeit wäre, auch für den Fall alles zu regeln, dass es bei ihnen mal einen erwischt. Sie hatten zwei Töchter, Elke und Ines. Elke, die jüngere, hatte weggeheiratet und mit ihrem Mann ein eigenes Haus gekauft. Köffkes haben was dazugegeben, schließlich sollte alles gerecht zugehen, und da die Große, die Ines, das Haus erben sollte, haben sie sich beteiligt und Elke das ganze Spargeld dazugelegt. Das war sozusagen eine Anzahlung auf ihr Erbe. Es war alles, was sie hatten, wissen Se, Köffkes sind einfache Leute. Man munkelte was von 20 000 Euro. Da war das Erbe von Sigmars Vater bestimmt auch noch mit dabei. Ja, und dann kam es, wie es eben immer wieder kommt und wie es sich auch bei meinem Walter damals zugetragen hat – Sigmar ging in Rente, und mit der vielen freien Zeit kam sein Kreislauf gar nicht zurecht. Keine vier Wochen nach der Pensionierung fiel er im Garten um und lag mausetot zwischen den Kohlrabis. Der Schreck war groß und der Schlag, den das Roswitha versetzte, auch. Sie war danach nicht mehr dieselbe. Es dauerte Wochen, bis sie einen klaren Gedanken fassen konnte. Wir haben sie dann in den Witwenclub aufgenommen und versucht, sie ein bisschen aufzumuntern. Kennen Sie unseren Witwenclub? Ich weiß gar nicht, ob ich Ihnen davon schon mal erzählt habe. Wir sind alles alleinstehende Damen, deren Männer viel zu früh gehen mussten. Einmal im Monat treffen wir uns zum Kränzchen, immer am dritten Dienstag. Das ist ein fester Termin, den kann sich jeder auf dem Küchenkalender anschreiben und muss nicht lange fragen: «Wann sehen wir uns denn das nächste Mal?» Wer kommt, der kommt, und wer mal keine Zeit hat oder was Besseres vorhat – bitte, es ist ja keine Pflicht. Wenn das Wetter schön ist, machen wir einen schönen Spaziergang und trinken Kaffee. Also die, die noch Bohnenkaffee dürfen, die anderen bestellen Pfefferminztee. Wir haben keine offizielle Vorsitzende, aber meist rufen sie mich an, wenn es Fragen gibt oder jemand eine neue Dame mitbringen will. Das mag daran liegen, dass ich mit vier verstorbenen Gatten eine Art natürliche Vorsitzende des Witwenclubs bin, oder daran, dass ich rührig und agil bin – ich weiß es nicht. Neulich hat jemand gesagt: «Renate, es heißt immer, Grau wäre so trist und langweilig. Du bist der Beweis, dass es auch frisches und lebendiges Grau gibt.» Das war ein sehr nettes Kompliment. Und trägt man dieses Jahr nicht auch Grau?

Ein paar Wochen nach der Beerdigung von Sigmar Köffke habe ich Roswitha angerufen und zum Witwentreffen eingeladen. Sie kann mit dem Bus prima zu uns nach Spandau reinfahren, die Verbindung ist wirklich sehr gut. Ach, es hat ihr so gutgetan. Wir haben uns ausgetauscht, wissen Se, von Witwe zu Witwe redet es sich ja viel leichter. Man hat die gleichen Probleme. Roswitha machte sich Sorgen, was mal werden würde mit dem Haus. Wir haben ihr gut zugeredet, das als Schenkung schon zu Lebzeiten zu regeln; mit den zehn Jahren käme sie noch gut hin. Denn Roswitha hatte ja erlebt, was es für Rennereien gab, als Sigmar verstorben ist. Totenschein, Bestatter, Erbschein … dem Himmel sei Dank hat sich das Bestattungshaus um alles gekümmert, und die Töchter haben keine Fisimatenten gemacht. Sie verstanden sich gut, und das machte es einfacher. Aber weiß man denn, wie mal alles kommt? Die fummeln wieder was mit der Steuer rum, und dann muss die Ines zahlen, wenn sie das Häuschen erbt? Roswitha hat nicht lange gefackelt und gleich einen Termin gemacht beim Rechtsanwalt.

Und da ging das Drama los …

Ich sage immer: «Was nix kostet, ist auch nix.» Man darf nicht am falschen Ende sparen, dann zahlt man nachher doppelt, ob das Schuhwerk ist oder der Rechtsanwalt. Roswitha Köffke ist zu so einem Jungchen marschiert, das in der Zeitung inseriert, weil es keine Kundschaft hat. Man weiß doch, dass ein guter Anwalt das nicht nötig hat! Hätte sie vorher bloß mich gefragt. Der Rechtsanfänger hat ihr bestimmt zugehört – aber wohl nur mit einem halben Ohr – und dann einen Vertrag aufgesetzt. Mit dem sind sie zum Notar und haben alles besiegeln lassen. Der Notar hat nur gelesen und gestempelt. Dem ist doch egal, was da drinsteht, der unterschreibt und kassiert. Ich weiß doch Bescheid. Danach ging alles ganz schnell. Der Mann von Ines, der Uwe, hat den Vertrag im Gegensatz zu Roswitha sorgfältig gelesen. Ihm ist aufgefallen, dass Roswitha gar kein Wohnrecht hat! So ist das doch aber wohl üblich, so haben meine Urgroßeltern damals schon den Hof in Ostpreußen auf die Großeltern übertragen – nur gegen Wohnrecht auf Lebenszeit. Das stand in dem Vertrag, ich weiß es genau. Mutter hat den damals nämlich mitgenommen, als wir geflohen sind, und der lag immer bei ihren Dokumenten.

Für Roswitha hatte das mit dem Wohnrecht schlimme Folgen – der Schwiegersohn machte ihr nämlich Scherereien. Kaum waren Tinte und Tränen getrocknet, zog der Herr andere Saiten auf. Sobald er schriftlich hatte, dass er der Hausherr ist, na, da war aber Ruß im Gebälk. Da zogen schwarze Wolken auf! Er schikanierte Roswitha, wo er nur konnte. Erst durften die Kinder toben und kreischen bis in die Puppen, dass Roswitha gar nicht in den Schlaf kam. Als sie was gesagt hat, hieß es «Misch dich nicht in unsere Erziehung ein» und «Schließlich ist es unser Haus». Das hat sie schwer getroffen. Bald darauf wurde sie nicht mal mehr zum Mittagessen gerufen, denken Se sich das mal! Als sie in die Küche runterkam, war nicht für sie gedeckt und sie musste die Reste von der Wirsingkohlsuppe essen. Es wurde immer schlimmer, nicht nur der Schwiegersohn wendete sich ab, auch die Ines, die eigene Tochter. Ich kenne die, sie war eine Klasse unter Kirsten. Ein hinterhältiges Biest war das, schon zu Schulzeiten. Sie hat Kirsten mal einen Kaugummi in die Haare geschmiert, sodass ich dem Kind eine Strähne rausschneiden musste. Meine Kirsten hat geweint, und Köffkes Ines stand frech grinsend daneben, stritt alles ab und kaute dabei Kaugummi. Natürlich einen frischen. Seitdem weiß ich, was für eine das ist.

Uwe hat im Winter sogar die Heizung so eingestellt, dass Roswitha ihre Stuben unter dem Dach nur noch auf 16 Grad geheizt bekam. Gerade so, dass das Wasser in den Blumenvasen nicht einfror. Er sagte, das langt, und Roswitha solle sich eben eine Strickjacke überziehen. Sie wurde heiser und hatte den ganzen Winter über eine so raue Stimme, dass man sie am Telefon bald nicht mehr erkannt hat. Das war dann aber auch bald vorbei, weil Uwe das Telefon sperren lassen hat. Angeblich hat Roswitha Ferngespräche mit teuren Nummern gewählt. Ich bitte Sie! Das wird der Uwe selbst gewesen sein. Ich kann mir schon vorstellen, dass der bei den Frauen anruft, die sich nachts im Fernsehen nackig über die Couch rollen und sagen, dass sie Gesellschaft suchen und man für 2 Euro die Minute anrufen soll. Als ob Roswitha so was machen würde! Aber das hat man ja öfter, dass die Leute die Schuld auf andere schieben, um von sich selbst abzulenken. Manchmal glaube ich, Gertrud hat sich ihren Hund nur angeschafft, weil es jetzt entlastend für sie ist, wenn es in der Wohnstube wieder unangenehm riecht. Ich kenne Gertrud, ich habe oft genug mit ihr im Urlaub ein Zimmer geteilt und war immer froh, wenn ich am Fenster schlafen konnte. Darmwinde. Sie verstehen?

Ich habe Roswitha jedenfalls gesagt, sie darf sich das nicht gefallen lassen, und ihr auch meine alte Heizdecke mitgegeben. Nicht die gute, die brauche ich selbst. Aber ich hatte noch eine auf Reserve liegen, falls mal was ist. Die habe ich seinerzeit von Schlegels bekommen, und Kurt hat die Elektrik überprüft. Somit hatte Roswitha es wenigstens des Nachts warm. Die Stimmung wurde immer unerträglicher, und als der Frühling ran war, hatten Uwe und Ines es geschafft: Roswitha suchte sich eine eigene Wohnung und zog aus. Wir haben ihr im Witwenclub beigestanden und sogar beim Umzug geholfen. Ilse und ich haben die Fenster geputzt, und Gertrud hat den Möbelträgern auf der Treppe zugerufen, dass sie nirgends anstoßen sollen. Es war nicht leicht für Roswitha, wissen Se, wenn man mit Ende 60 allein dasteht und nichts mehr hat, wenn einem der Mann wegstirbt, das eine Kind das Spargeld hat und das andere einen aus dem eigenen Haus vertreibt – das ist sehr bitter. So hatte sie sich ihren Lebensabend nicht vorgestellt, aber es ist doch wichtig, dass sie nicht aufgibt. Man muss aus dem, was das Leben einem vor die Füße wirft, das Beste machen, das war schon immer mein Motto. Roswitha lebt jetzt allein in einer schönen Zweizimmerwohnung. Dick ist ihr Büdschee nicht, die Rente langt gerade so hin, dass sie über die Runden kommt. Aber ich habe ihr gesagt: «Roswitha, lieber bescheiden leben, als dass du dir die Tage zur Hölle machen lässt.» Wer weiß, vielleicht findet sie sogar noch einen netten Herrn. So alt ist sie ja mit Ende 60 nun noch nicht. Ich werde mal die Augen offen halten, ob sich nicht ein passender Herr für sie findet.

**Gleich singt der Kinderchor beim Witwenclub. Wir essen vorher noch schnell unseren Kuchen auf, kleben die Zähne neu fest und fahren dann nach Hause.**

Aber erst mal muss die Schlode unter die Haube. Das ist noch wichtiger! Die Frau Schlode heißt Cornelia und ist Mitte 40. Bestimmt ist sie schon 50, aber man will ja nicht in ein Fettnäpfchen treten, manche Frauen haben sich da ziemlich kiebig. Deshalb bin ich beim Schätzen immer vorsichtig und runde lieber ab. Frau Schlode ist Kindergärtnerin bei uns in Spandau. Sie arbeitet im «Storchennest». So heißt die Einrichtung, in der sie die kleinen Engelchen tagsüber mit Singen und Klatschen beschäftigen. Ich finde den Namen ja sehr merkwürdig. Glaubt denn irgendjemand noch an den Storch?

Aber ich wollte ja von der Schlode erzählen. Wir sind uns über die Jahre immer wieder in die Quere gekommen. Im Grunde habe ich nichts gegen sie, aber die vermasselt mir immer wieder die Feiern, weil sie mit ihrem

Kinderchor zum Gratulieren kommt. Das war bei meinem 80. Geburtstag so, das war bei der Hochzeit von Ariane und Stefan so und sogar auf der Rentnerweihnachtsfeier. Mit Blockflöten, Triangel und Schlingel-Bells! Wissen Se, das geht nicht so, wenn da alte Leute zusammensitzen, muss pünktlich gegessen werden. Viele nehmen Medikamente ein, die einen müssen sie vor der Mahlzeit schlucken, die anderen danach, wieder andere müssen sich was spritzen gegen den Zucker – da kann die Schlode nicht einfach alles durcheinanderbringen, indem sie so lange Krach macht, dass sich die Mahlzeiten verschieben! Nee, was habe ich mich schon aufgeregt, aber man kommt nicht gegen sie an. Sie wirft mir vor, dass ich die einzige Oma wäre, die Kindergesang nicht leiden kann. Sie würde es genau hören am Applaus, und ich wäre eine bösartige alte Wachtel. Das stimmt gar nicht! Keiner mag schiefen Kindergesang, die anderen trauen es sich nur nicht zu sagen. Soll se doch dankbar sein! Ich bin auch nicht komplett gegen den Gesang der kleinen Elfen, aber sie sollen sich kurzfassen, und es darf nicht so ausarten, dass das Essen darunter leidet. Und Instrumente sollen sie lieber nicht mitbringen. Nee, da bin ich eigen: Man macht sich viel Arbeit und kocht oder bestellt Buffet für teures Geld, und dann verdirbt alles, weil Frau Schlode noch die siebte Strophe von «Wer will fleißige Handwerker sehen» dirigiert. Ich habe mehrfach versucht, sie abzubestellen, aber das macht ihr gar nichts. Sie kommt trotzdem. UNVERSCHÄMT.

Ich sage es Ihnen ganz laut und deutlich: Das kommt nur, weil sie keinen Mann hat. Sonst wäre sie ausgelastet und hätte im Haushalt zu tun und damit, ihm nachzuräumen, und müsste sich nicht die Freizeit damit vertreiben, den Kinderchor bei Rentnergeburtstagen und goldenen Hochzeiten singen zu lassen. Schon seit Monaten hatte ich den Gedanken, mich nach einem passenden Herrn für sie umzusehen, aber nie war etwas dabei. Ich bin ja doch meist mit älteren Herren unterwegs. Herrschaften über 70 zu verkuppeln war eine meiner leichtesten Übungen – was meinen Se, wie viele «Herbst-Ehen» Renate Bergmann schon eingefädelt hat! Da muss ich nur auf dem Friedhof eine Harke mal hinter den falschen Stein stellen, und schon spricht der Herr Senner die Frau Rombach an, und sie reden ... und wenn ich das zwei-, dreimal mache, na, da können Se gar nicht so schnell gucken, wie die zusammen auf eine Busfahrt gehen. Frau Rombach und Herr Senner waren sogar zur Heilquellenkur in Bad Elster. Im Doppelzimmer!

Bei der Schlode ist das nicht so leicht, sie ist schließlich erst Mitte 40, und ich kann ihr keinen silberhaarigen Herren anbringen, das geht ja nicht. Zumal die Zeit, bis der wahrscheinlich heimgerufen wird, auch zu kurz ist; dafür lohnt ja die Mühe nicht. Aber es wird allerhöchste Zeit zu handeln, es droht nämlich neues Ungemach! Ich muss mich mal im Interweb umgucken, da gibt es so Seiten, wo sich Männer und Frauen für alles Mögliche miteinander verabreden können. Parkplatztreffen, zum Beispiel. Ich fände das ja ungemütlich, man kann doch zum Reden lieber in eine Gaststätte gehen statt auf einen Parkplatz, aber bitte. Oder Paarschipp. Ich glaube, da kann man sich zum Schneeschippen verabreden. Es gibt die verrücktesten Sachen, da finde ich bestimmt auch einen passenden Herren für eine einsame Kindergärtnerin, die gerne dirigiert.

**Männer taugen im Bett nur so viel wie in der Küche. Gucken Se also genau hin, wie er den Abwasch macht, meine Damen!**

Frauen haben ja immer was zu tun. Da ist der Haushalt – jeden Tag muss was Warmes auf den Tisch, und das Haus soll immer reine sein und blitzen. Stellen Se sich mal vor, es klingelt und es ist nicht frisch Staub gewischt oder das Toilettenpapier ist nicht gefaltet und nachgefüllt? Nee, da schäme ich mich schon bei dem Gedanken! Ja, als Frau haben Se Ihr Tun. Da ist es auch egal, ob man in Rente ist oder nicht. Wenn Männer Rentner werden, ist das oft ein Problem: Die stehen einem dann nur vor den Füßen rum. Mein Walter ist ja seinerzeit bald verstorben, kaum dass wir beide ein paar Jahre Rentner waren. Er war wirklich eine Seele von Mensch, und ich werde nie etwas Böses über ihn sagen, ich wünschte, ihm wären noch ein paar schöne

Jahre vergönnt gewesen – aber es war dann schon sehr anstrengend für uns, als er plötzlich zu Hause blieb. Du liebe Zeit! Plötzlich wollte er jeden Morgen Frühstück machen, denken Se sich das. Er wollte Eier kochen und Brötchen aufbacken, und das mitten in der Woche. So was geht doch ins Geld! Wir hätten die ganze Rente verfrühstückt, wenn es nach ihm gegangen wäre. Vielleicht noch Lachs und zweierlei Marmelade, ich sage Ihnen, wenn ich nicht aufgepasst hätte, wir hätten Stütze gebraucht. Mal ganz davon abgesehen, was Männer für einen Dreck machen, wenn die in der Küche rumwirbeln. Walter hat ständig das Kaffeepulver verschüttet, und ich musste ihm nachputzen. Was er verschüttet hatte, habe ich aufgefegt. Bei mir ist es reine, das konnte man gut noch mal nehmen, und außerdem ist das Brühwasser ja heiß, das tötet alle Keime. Sein Kaffee war auch viel zu stark, wenn Se den getrunken haben, mussten Se immer mit einer halben Blutdrucktablette nachsteuern. Damals reichte das Pfund Krönung nicht mal eine Woche, so stark hat Walter den Kaffee gebrüht.

Ich habe Walter dann einkaufen geschickt, da war er erst mal aus dem Haus, und wenn man ihm genau aufgeschrieben hat, was er bringen sollte, ging es auch meistens gut. Als Frau guckt man ja doch mal nach Sonderangeboten oder streift durch die Gänge, ob es eine neue Sorte Aufschnitt gibt, oder man trifft eine Bekannte ... aber Männer nicht. Walter war meist nach nicht mal einer halben Stunde wieder da, knallte mir das Einkaufsnetz auf den Küchentisch und fragte: «Und was kann ich dir nun helfen?» Himmel! Selber sehen Männer ja keine Arbeit, und dann stehen se einem im Weg. Deshalb habe ich das immer eingeteilt und ihn erst nur die Hälfte der Sachen einholen lassen. Wenn er dann zurück war, habe ich gesagt: «Ach, Walter, ich habe einen Kopf wie ein Sieb – Äpfel fehlen ja auch noch und Toilettenpapier!», und habe ihn noch mal losgeschickt. So war wieder eine halbe Stunde rum. Dann wurde es schon bald Zeit zum Kartoffelnschälen, und da er da sehr ungeschickt war und ich schon damals großen Wert darauf legte, dass dünn geschält wird, hatte er eine gute Stunde zu tun. Ich habe meinen Walter schon beschäftigt, wir waren gut eingespielt. Wir haben dann ja auch die Kaninchen für ihn angeschafft, und so hatte er mit Füttern und Ausmisten seine Aufgabe.

Leider starb er viel zu früh.

Ilse hat mit Kurt das Gleiche durch. Also dass er stört. Nicht das Sterben. Kurt lebt noch und erfreut sich bester Gesundheit, und hoffentlich bleibt das auch noch lange so.

Er hat bis heute den Garten, da steht er Ilse zumindest im Sommer nicht im Wege rum. Früher hat er im Haus auch selbst repariert, wenn was anlag, und auch viel am Auto geschraubt. Aber seit die Augen nachlassen, darf er nicht mehr. Erst hat Ilse ihm alles verboten, was mit Strom zu tun hat, und den Koyota darf er auch nicht mehr anfassen. Ich weiß nicht genau, was er gefummelt hat, er wollte was am Vergaser überbrücken mit einer alten Fischbüchse – das hat er beim Wartburg auch immer gemacht, sagte er. Es knallte dann eine Zeitlang immer beim Starten, bis wir eines Tages auf der A100 liegengeblieben sind und der ADS gekommen ist. Stefan hat damals verboten, dass ich weiter mitfahre mit Kurt, er sagte, man müsse um mein Leben fürchten. Aber für die vielen Fahrkarten langt meine Rente nicht hin, und immer mein Keilkissen mit mir rumschleppen für die Bahn will ich nicht, das muss der Junge doch einsehen. Stefan hat den Wagen dann von der Werkstatt zuschweißen lassen. Oder -schrauben, ich weiß es nicht so genau. Jedenfalls ist alles versiegelt, und die sehen sofort, wenn Kurt dran gewesen ist.

Im Garten kann Kurt nichts Schlimmes anstellen. Sicher, er legt von seinem Zigarrengeld immer was auf die Seite und kauft davon Böller, mit denen er den Maulwurf im Garten bekämpft. Ilse muss so aufpassen, Kurt macht nur Dämlichkeiten. Er darf kein Geld in die Finger kriegen! Ilse muss seit neuestem sogar die Pfandflaschen nachzählen. Sie ahnen ja nicht, auf was für Ideen Kurt kommt! Er hat wohl bald drei Kartons mit Polenböllern gekauft. Man darf gar nicht drüber nachdenken! Als dann die «finale Schlacht an der Ostfront» mit dem kleinen Maulwurf stattfand, der dem Rosenkohl den Garaus machte, na, da hat es so eine Explosion gegeben, dass der Birnbaum entwurzelt worden ist. Natürlich wollte Kurt das verheimlichen und hat ihn notdürftig wieder eingegraben, aber Ilse ist ja nicht taub. Sie hat den Knall bis in die Speisekammer gehört, wo sie gerade das Regal mit den Backpflaumen mit Essigwasser auswischte. Sie hat sehr mit ihm geschimpft, und es kam alles raus. Kurt musste die Telefonnummer von Herrn Pjotr ausradieren. Was bleibt dem armen Kurt denn noch? Er darf nichts mit Strom anfassen, im Garten passt Ilse auf, am Koyota darf er nicht schrauben – und im Haushalt will Ilse ihn nicht vor den Füßen stehen haben.

Na, und so kam es, dass er ein neues Hobby brauchte.

«Renate», sprach Ilse am Telefon, «denk dir nur, Kurt will die Küche streichen!» Das musste unbedingt verhindert werden. Dieses Geplemper konnten wir uns schon ausmalen, und wie wir Kurt kannten, hätte er nach der Hälfte keine Lust mehr und Ilse müsste den Maler rufen, und das würde unterm Strich doppelt so teuer. Wir beratschlagten ein Weilchen, was man Kurt machen lassen konnte. Es musste ohne elektrisch sein, ohne Krach und nichts Teures. Bogenschießen ging auch nicht, wegen seiner Augen.

«Ich hab's, Ilse», sagte ich. «Schick ihn zum Männerchor!»

«Aber er kann doch nicht singen!»

«Das können die dort alle nicht, das macht gar nichts.»

Ich weiß es genau. Der Chor übt nämlich in der Gaststätte bei mir gerade rüber. Im Sommer lassen sie immer das Fenster angekippt, da kann ich sie hören. Es sind alles Herren in Kurts Alter, die schief brummen. Und manche der Herren schaffen es dann altersbedingt nicht mehr über den Winter, dann klingt es im Frühjahr eben etwas ausgedünnt. Dann muss Renate Bergmann einschreiten. Wissen Se, da ich ja viel auf Beerdigungen rumkomme, habe ich dem Chor schon so manchen einsamen Witwer vermittelt. Wenn die Frau zuerst geht, na, da muss man sich doch um die Männer kümmern! Die wenigsten können singen, aber darauf kommt es auch nicht an bei der «Spandauer Liedertafel 1894». Bis zum Sommer hin vermittle ich dann sechs, acht Herren, und bis zum Herbst klingt der Brummechor ganz manierlich. Über den Winter dünnt es sich dann wieder aus. Das ist der Kreislauf der Natur.

Gesagt, getan. Ilse hat Kurt angemeldet, und er ging jeden Montagabend singen. Er knurrte nur kurz, dass da Fußball käme, aber er konnte nicht wirklich was dagegen sagen. Montag ist nur 2. Bundesliga, und das hat Ilse nicht gelten lassen als Ausrede. Mittwoch, wenn Europaschämpion ist, da hätte sie Kurt wohl nicht aus dem Haus gekriegt, aber Montag war in Ordnung. Er wurde als Bass eingeteilt, und ich hörte ihn ab und an raus, wenn ich auf dem Balkon saß und den Kater kraulte. Ach, ich war sehr stolz auf unseren Kurt!

Die Freude dauerte jedoch nicht lange. Keine sechs Wochen später erzählte er nebenbei, dass sie jetzt eine neue Chorleiterin bekommen würden. Eine gewisse Frau Schlode.

Mir blieb fast das Herz stehen.

Die Schlode vom Kindergarten! Das konnte doch nicht wahr sein. Die verfolgte mich offenbar! Nicht mal auf den Beerdigungen hätte ich mehr vor ihr Ruhe!

Was hat man denn noch für Freuden im Alter, frage ich Sie? Beerdigungen sind das wenige Schöne, was mir geblieben ist. Und dann sollte die Schlode da in Zukunft «Am Brunnen vor dem Tore» singen mit dem Männerchor? Wissen Se, wenn Gertrud und ich zu einer Beerdigung gehen, dann ... na, kennen wir die Verstorbenen manchmal nicht. Nur vom Namen her. Wir gehen da einfach gern mit, das habe ich Ihnen ja schon erzählt. Man kommt mal raus, lernt nette Leute kennen und kann reichlich und gut essen. Meist bleibt auch viel über, sodass wir ein Brotdöschen aus der Tasche holen. Eine Zeitlang sind wir mit Kühltasche gegangen, aber auch wenn Ilse uns dezente schwarze Schonüberzieher geschneidert hat, fielen wir damit unangenehm auf. Man soll es nicht übertreiben. Wir gehen lieber einmal öfter. Ich habe nur noch die Aufschnittdose dabei, die in die Handtasche passt, damit fällt man nicht auf. Da passen acht Stück Zuckerkuchen rein, ein gutes Pfund Aufschnitt, zwei Portionen «Märkische Hochzeitssuppe mit Klößchen» oder sechs Scheiben gemischter Braten mit Soße und Gemüse, je nachdem, was es gibt. Und wenn wirklich mal mehr übrig bleibt, dann findet man schon einen Weg. Die meisten Kellner kennen Gertrud und mich ja schon, packen von sich aus die Reste ein und bringen sie uns, da müssen wir gar nicht am Buffet die Dosen füllen.

Es ist immer wieder aufregend, was es beim Leichenschmaus gibt. Da kann man in den Anzeigen noch so genau lesen, man ist nie vor Überraschungen gefeit.

Manchmal hat man es auch, dass nur zwei Mann von der Familie da sind, die nur schnell «Uns müssen Sie leider entschuldigen, wir müssen zum Flieger» in den Gastraum rufen. So sind se, die jungen Leute, Termine und Hektik, und nicht mal Zeit für einen Schnaps auf den Frieden der Alten. Und dann wundern se sich, dass sie von der Hetzerei Magengeschwüre oder Bandscheibe kriegen. Sie sind dann jedenfalls weg und haben zuvor gesagt, wir sind eingeladen, na, da können Se sich ja denken, dass das ein Festtag ist! Einmal hatten wir den Fall, dass sie kalte Platten für 30 Personen bestellt hatten und wir zu sechst waren. Der Lachs war ein Gedicht, und es guckte keiner dumm, als ich beim Kellner Korn bestellte. Als alle ein paar Schnitten gegessen hatten, fragte Gertrud: «Will noch jemand vom Fisch, oder kann der weg?» Mit «weg» meinte sie «in die Dose». Hihi. Die dürfen das gar nicht aufheben, wegen der Gesetze von der EU. Das ist wie mit frischem Hackepeter, was nicht verkauft wurde, muss weggeschmissen werden. Und unsereins, die wir die Hungerwinter nach dem Krieg noch mitgekriegt haben, uns tränt das Herz, wenn wir daran denken, dass das schöne Essen umkommt. Der Kellner staunte nicht schlecht, als er nach einer Weile wieder reinschaute und das leere Buffet sah, das doch für 30 Personen gedacht gewesen war.

Letzthin gab es nur dünne Suppe vorweg, die roch wie Katzenfutter. Wissen Se, meine Freundin Gertrud ist wirklich kein Gourmet und isst sogar fahrenden Mittagstisch vom Roten Kreuz, aber da hat selbst sie sich geschüttelt und sagte dann ein bisschen lauter: «Oh, den Koch kenne ich. Der heißt Erasco.» Die halbe Trauergemeinde hat gelacht und der Herr Pfarrer auch. Es wurde so ein schöner Nachmittag!

Das muss unter allen Umständen vermieden werden, dass da in Zukunft die Schlode mit dem Männerchor mitmischt. Ich kenne die, die ist doch froh, dass sie zu Hause mal raus ist, und bleibt mit den ganzen Chorherren noch zum Fellversaufen! Und wer ist darauf schon eingerichtet, frage ich Sie? Am Ende reicht das Essen nicht, und Gertrud und ich können die Aufschnittdosen gleich in der Tasche lassen. Nee, nee! Die Schlode braucht einen Mann. Ich muss mich um die Sache kümmern, gleich, wenn ich das mit dem Erbe geregelt habe.

**Ariane kocht Rotkohl aus dem Glas, aber Stefan liebt sie trotzdem.**

Neben Kirsten kommen im Grunde genommen nur Stefan und seine kleine Familie als meine Erben in Betracht. Wen habe ich denn sonst? Sicher, angeheiratete Verwandtschaft ist da eine ganze Schar, wenn man vier Gatten begraben hat, ist da einiges an Hinterbliebenen. Aber da fühle ich mich in keinster Weise verpflichtet. Wer hier nur alle Jubeljahre mal auftaucht und dann noch der alten Tante vorjammert, dass das Geld hinten und vorne nicht reicht, der kommt auch nicht ins Testament. Stefan und Ariane sind die Einzigen, die sich kümmern und immer da sind für mich, und deshalb sollen sie davon auch was haben. Sie, oder eben die Kleine. Angenommen, ich würde der Lisbeth einen Teil vom Geld vermachen … ach, da gibt es so viel zu berücksichtigen! Da sind nämlich auch Arianes Eltern, die Großeltern des Kindes. Die sind Ende fuffzich, bei denen steht das mit dem Erbe auch bald auf dem Programm. Bei denen steckt ja mehr dahinter als nur ein paar Sparbücher und das gute Geschirr. Die haben ein Geschäft! Ich weiß nicht viel über Sanitärhandel, aber wenn ich sehe, was für Geld die für eine Toilettenschüssel nehmen, na, da muss schon ordentlich was hängenbleiben. Sie fahren auch beide große Autos, die Monika und der Manfred auch. Richtige Bonzenschlitten. Wenn man ein Geschäft hat, muss genau überlegt werden, wie es mal weitergeht. Verkaufen sie es, wenn sie sich zur Ruhe setzen? Wann wollen die überhaupt in Rente gehen? Wissen Sie das? Kann ja auch sein, die wurschteln weiter bis 70. Vielleicht wirft der Handel mit Spülbecken gar nicht so viel ab, wie man denkt? Übernimmt Ariane mal die Firma, oder steigt vielleicht einer der Angestellten ein? Mich geht das alles im Grunde nichts an, aber interessieren würde es mich schon. Der Manfred weicht aber den Fragen immer aus. Ariane hat was mit Computer studiert, das ist ja fast wie Elektriker. Oder Sanitär. Strom ist da jedenfalls auch überall dran heutzutage, mir muss doch keiner was erzählen. Das Mädel könnte gut lernen, was für das Geschäft sonst noch nötig ist, die ist pfiffig. Und Sie würden staunen, wie der Stefan pariert bei ihr. Das Mädel hat die Hosen an, sage ich Ihnen. Stefan auch, nicht dass Sie nun denken, der trägt Kleid ... Sie wissen schon, wie ich das meine. Ariane weiß, was sie will. Ich habe zu Stefan immer gesagt: «Stefan, mein Junge», hab ich gesagt, «Stefan, such dir eine Frau mit Verstand. Brüste haben sie alle!» Und so hat er es auch gemacht. Da kann man nicht meckern, wir sind sehr zufrieden mit Ariane. Auch damit, wie sie sich als Hausfrau macht. Man muss dankbar sein, dass alles so prima klappt. Wenn man sich die jungschen Frauen heute anguckt, darf man ja keine großen Ansprüche stellen. Die behaupten ja schon, sie können kochen, wenn sie die Folie von der gefrorenen Pizza abpellen. Nee, man muss Abstriche machen und darf nicht zu streng sein, wenn Ariane mal ein kleiner Fehler passiert. Es könnte alles viel schlimmer sein, immerhin ist sie kein so liederliches Weibsbild wie die Berber. Manchmal beiße ich mir auf die Lippen, ich sage immer: «Lieber die Lippen zerbeißen als den Mund verbrennen.» Die jungen Leute müssen unter sich zurechtkommen, und wenn es Stefan nicht stört, dass Eierschale im Kuchen ist – bitte, mir ist es recht. Man muss ja so aufpassen, wenn man bei Ariane was isst. Sie nimmt es in solchen Sachen nicht so genau. An den Augen kann es nicht liegen – sie hat eine Brille. Man merkt doch, wenn man Eierschale in den Teig fallen lässt! Beim ersten Mal habe ich es ja auf dem Kaffeelöffel gar nicht gesehen und hatte dann lauter kleine Splitter unter der Prothese. Das hat sehr unangenehm gedrückt, und man kann die Zähne ja bei Tisch nicht rausnehmen und sauber wischen. Also, für mich jedenfalls kommt das nicht in Frage. Ich bin schließlich nicht Gertrud, die hat da weniger Hemmungen ... ich habe es mit Anstand ertragen und zu Hause abgespült. Danach musste ich eine Woche lang das Zahnfleisch einreiben mit Nelkenöl. Seitdem kaue ich sehr vorsichtig, wenn Ariane gekocht oder gebacken hat. Ich denke, Ilse und ich müssen unseren Unterricht noch mal aufnehmen, mit dem wir Ariane seinerzeit auf ihre Pflichten als Ehefrau vorbereitet haben. Es kann ja keiner ahnen, dass das Kind nicht mal ein Ei aufschlagen kann.

Aber auf Zack ist sie, die Ariane, da muss man staunen. Der Stefan hat sich so zu seinem Vorteil verändert, seit die beiden verheiratet sind und die kleine Lisbeth da ist! Er war schon immer ein guter Junge, da will ich gar nichts sagen. Aber doch eben ein bisschen unstet und ohne Plan im Leben unterwegs. Man merkte, dass ihm eine Frau fehlte. Ariane hat ihm beigebracht, was wichtig ist. Er duscht jetzt jeden zweiten Tag, geht regelmäßig zum Haarschneiden und jammert nicht, wenn er zu feierlichen Anlässen ein Jackett tragen muss. Da habe ich teilweise länger gebraucht, bis ich meine Männer so im Griff hatte, das muss ich ganz offen eingestehen. Wenn ich sehe, wie der Stefan sich um die Kleine kümmert, ach, da geht mir das Herz auf. Ganz anders als mein Wilhelm, Gott hab ihn selig. Selig jedenfalls, bis wir uns wiedersehen, danach habe ich noch ein Hühnchen mit ihm zu rupfen! Wilhelm war nicht so ein Fehlgriff als Mann wie Franz, der mit anderen Madames rumgockelte, aber trotzdem keine Meisterleistung. Ein grober Klotz war das, der mich oft verletzt hat. Denken Se sich nur, ich habe mich zum Beispiel hingestellt und für Wilhelm Rotkohl gemacht, wie ich es von Mutter und Tante Meta gelernt habe. Fein geschnibbelt, mit Zucker, Essig, Salz und Gewürzen drei Stunden gekocht. Ach, meinen Rotkohl müssten Sie kosten! Und was sagt der Stiesel? «Der von Mama schmeckt mir besser.» Was habe ich geweint! Das war wie ein Schlag ins Gesicht.

Einfach vor die Tür setzen konnte ich ihn nicht, schließlich war da ja das Kind, und in den Sechzigern machte man so was nicht. Aber er kam mir nicht mehr ins Bett. Mit der Strafe kriegen Se jeden Mann gefügig, glauben Se mir. Da sind sie alle gleich. Wilhelm musste auf dem Küchensofa schlafen. Da lag er am Wochenende sowieso immer, auch tagsüber. Mit der Zeitung überm Gesicht, im Turnhemd und die ollen Socken fast auf dem Tisch. Nee, ein feiner Mann war Wilhelm nicht. Wie oft hat der Halunke die Seite mit dem Sonntagsrätsel überm Gesicht gehabt! Das war mir aber egal, wenn ich rätseln wollte, habe ich sie mir genommen und ihm stattdessen die Todesanzeigen auf die Nase gedrückt. Er schnarchte einfach weiter, und wenn Kirsten mal kam und mit ihm spielen wollte, scheuchte er sie weg und schimpfte sie.

Damals in den Sechzigern haben die Väter doch keinen Sinn für die Familie gehabt, erst recht nicht, wenn das Kind ein Mädchen war. Mir soll keiner kommen mit der «guten alten Zeit». Die Erinnerung malt mit goldenem Pinsel. Davon soll man sich nicht täuschen lassen – früher war längst nicht alles besser! Und wenn ich sehe, wie die jungen Papas heute mit ihren Kindern toben und den Mädelchens sogar Zöpfe flechten, ach, da freue ich mich.

Mich geht es im Grund ja nichts an, was die Fürstenbergs machen, wenn sie mal nicht mehr sind, aber man muss es doch im Gesamtzusammenhang sehen. Ich habe Ihnen ja schon erzählt, dass ich mit dem Gedanken spiele, der kleinen Lisbeth einen Teil meiner Puseratzen zu hinterlassen. Aber was ist, wenn Monika und Manfred das Gleiche vorhaben? Es ist ihr einziges Enkelkind, da sollte man davon ausgehen können. Am Ende steht Lisbeth als reiches Kind da, weil sie von allen Seiten erbt? Das muss nun auch nicht sein. Zu viel Geld verdirbt den Charakter. Ach, es ist nicht leicht, sage ich Ihnen. Rechnen Se doch mal mit: Ich bin jetzt 82, und ich habe schon vor, noch ein paar Jahre hier meine Runden zu drehen, aber lassen Se mich mit 90 heimgerufen werden – dann würde die Lisbeth noch vor der Kommunion erben. Dann müsste aber sichergestellt werden, dass da keiner rankann an das Geld. Denken Se sich nur, es käme so, wie ich es mir vorstelle, und Ariane würde die Firma von den fürstenbergischen

Eltern in Leipzig übernehmen. Man weiß doch, wie die jungen Leute sind, dann wollen se neu bauen und Maschinen kaufen und ach, was weiß ich! Ein neues Auto vielleicht oder in der Firma was renovieren – ja, und dann sagt die Bank: «Frau Winkler, Sie haben doch Eigenkapital, da ist ein Sparbuch auf den Namen ihrer Tochter, das sie von der ollen Bergmann damals geerbt hat, mit einem erklecklichen Sümmchen drauf. Bevor wir Ihnen unser Geld geben, nehmen Se doch erst mal das.» Ja, was denn dann? Nee, so geht das nicht. Wenn, dann muss das so geregelt werden, dass Lisbeth da erst mit 18 rankann. Aber ob sie mit 18 schon weiß, was wichtig ist? Ach, es gibt so viel zu bedenken! Ich muss das mit dem Notar besprechen, wie das zu regeln geht. Und ob Arianes Eltern mich nun für neugierig halten oder nicht: Sie müssen raus mit der Sprache, wie sie sich die Zukunft vorstellen. Ich werde gleich mal anläuten und eine Bahnverbindung nach Leipzig raussuchen. Am besten, ich gehe zu Ingrid.

(Gefahren bin ich dann nicht, wissen Se, es war Fußballspiel an diesem Sonnabend, und da sind immer so viele Rowdys in den Zügen unterwegs, die nur Bier trinken (Korn haben die nicht dabei!) und olle Frauen nur anrempeln. Aber es war schön, wieder mal mit Ingrid zu plaudern.)

**Eben steigt ein Mann aus dem Zug und fragt mich, wo hier eine Telefonzelle ist. Du liebe Zeit, wie viel Verspätung hatte der denn?!**

Sie wissen ja, ich war früher bei der Bahn. Wenn ich mich recht entsinne, habe ich Ihnen das schon erzählt. Oder nicht? Na, jetzt wissen Se es. Ich habe alles gemacht, von Schaffnerin über Mitropa bis Schalterdienst, und habe auch heute noch gute Verbindungen zu ehemaligen Kollegen. Die meisten sind ja verstorben, wie das so ist, die Zeit nimmt ihren Lauf und holt sich die Guten zuerst. Aber Ingrid, unser ehemaliges Lehrmädel, die ist bis heute da. Wir haben immer noch Kontakt, und ab und an besuche ich sie. Sie ist jetzt Ende 50 und zählt schon die Jahre, bis sie in den Ruhestand gehen kann. Die Ingrid ist bei der ganzen Reichsbahn bekannt. Nee, man sagt ja nicht mehr Reichsbahn, das war zu DDR-Zeiten. Bundesbahn. Unternehmen Zukunft. Aber ich glaube, das mit der Zukunft ist auch schon wieder vorbei – jetzt wollen se wohl nur noch «Die Bahn» genannt werden. Die Ingrid ist ein Rätsel für alle bei der Reichsbahn, bis hoch zum Chef. Die kennen sie alle nur als das «Computer-Phänomen». Ingrid Weise hat nämlich eine geheime Tastenkombination entdeckt, mit der sie auf jeden Sparpreis noch mal 50 % Rabatt geben kann. Die verrät sie aber niemandem. Sie sagt immer, die Kunden leiden schon genug unter dreckigen Waggons und Verspätungen, und deshalb hätten sie es verdient, so günstig wie möglich zu reisen. Als die damals alles auf Computer umgestellt haben, war die Ingrid auf einem Kurs und hat gut aufgepasst. Bis heute sind diese Fachleute mit ihren Schlipsen und dem Suschi zum Mittag ratlos. Sie kriegen einfach nicht raus, was Ingrid da drückt. Ganze Kommissionen haben schon ermittelt, aber es führt kein Weg hin, sie finden es nicht raus, und Ingrid verrät es nicht. Sie sagt, wenn es geht, ist es legal, und da hat se recht. Wenn die das nicht hinkriegen, ist es ihre Schuld, da kann Ingrid doch nichts für! Was meinen Se, was schon los war bei der Bahn! Sie wurde einbestellt zu allen möglichen Chefs. Man hat ihr Frühpensionierung angeboten und Versetzung, sie hätte Marketing werden können, mit Kaffee kochen und Schnittchen schmieren, und das für mehr Gehalt. Nur Karten dürfte sie nicht mehr verkaufen. Aber Ingrid gefällt ihre Arbeit, und der Mann vom Betriebsrat hat gesagt, sie könnten ihr gar nichts.

Wenn ich mal mit der Bahn reise, gehe ich immer zu Ingrid. Wir plauschen auch nicht lange, denn an ihrem Schalter ist die Schlange immer am längsten. Ingrid ist in Spandau bekannt wie ein bunter Hund. Baumanns kommen sogar aus Marzahn rüber, wenn sie die Urlaubsfahrt zur Tochter nach Bamberg buchen. Da sparen sie bald 400 Mark! Euro. Also 200 Euro. Ach, ich rechne im Kopf immer noch um ...

Hoffentlich lässt Ingrid sich nicht unterkriegen und macht noch recht lange. Ich habe schon mit ihr gesprochen, wenn sie wirklich in Rente geht, muss sie sich vorher noch einen von den Lehrlingen ausgucken, dem sie ihre geheime Tastenkombination weitergibt, sozusagen «vererbt». Sie muss den Staffelstab weitergeben, so wie Tante Meta mir an ihrem 75. das Rezept für ihre Rouladen anvertraut hat, damit sie es nicht mit ins Grab nimmt. Sehen Se, da fällt mir ein – Ihnen werde ich das Rouladenrezept bei Gelegenheit mal aufschreiben. Es nützt ja nichts, wenn ich es mitnehme, wenn es bei mir mal so weit ist. Kirsten hat kein Interesse, wegan, wie sie ist. Und isst. Hihi, wenn die wüsste, was da im Smufie ... aber das darf sie nie erfahren, sonst wäre hier aber Kirmes. Gertrud will es auch nicht, sie isst ihr Räderessen vom DRK, und Ilse hat ihr eigenes Rezept. Sie macht Gurken dran, stellen Se sich das mal vor. Gurken an Rouladen! Das machen viele, aber die gehören da nicht ran. Nicht nach Tante Metas Rezept. Ariane will auch nichts davon wissen. Ich habe das Mädel letzthin eingeladen und wollte ihr zeigen, wie die Rouladen gehen. Wir hatten in der Küche schon die Gardine vorgezogen – man weiß ja nie, nich wahr?, schließlich ist es ein Familiengeheimnis! –, da sagt die doch zu mir: «Ooch, weißte, Tante Renate, aus Rouladen machen wir uns nicht viel. Stefan nicht und ich auch nicht. Und wenn wir wirklich mal Appetit haben, dann essen wir die im Restaurant. Die Arbeit mache ich mir nicht!»

Wissen Se, so was kränkt mich. Aber was will man machen, die jungen Dinger sind eben so. Nur Fertigkrams aus der Tüte, und dann wundern se sich, dass sie Allergie haben und Reizmagen und immer fetter werden. Nee, da muss man sich nicht wundern – überall ist

Chemie drin und keine Fittamine. Jeden Abend bestellen se Pizza oder noch komischeres Zeug. Die Berber hat so oft Pizza bestellt, dass der Lieferbursche dann eine Zeitlang bei ihr übernachtet hat. Das ging aber nicht lange, er hat bald gemerkt, dass «doppelt Käse» auf kurz oder lang auch «doppelt Hüfte» macht, und hat sich Weihnachten wieder davongemacht. Und wenn das Frühjahr ran ist und die Sonne hoch steht, dann quetschen die Berber und die Meiser sich in ihre Nickis, dem Doppelkäse und der Rouladensoße zum Trotz. Das ist doch nicht schön, geben Se mir doch recht! Wissen Se, neulich erst war ich wieder im Einkaufszänter und traute meinen Augen nicht, wie die jungen Dinger rumlaufen. Ich dachte so bei mir: «Mädelchen, komm, Tante Bergmann geht mit dir eine Hose in deiner Größe kaufen.» Aber was will man machen, die Jugend ist eben so.

**Enkelkinder sind das beste Mittel gegen das Altwerden, die halten einen auf Trab. Aber sie machen auch graue Haare.**

Als Kirsten noch ein Kind war, gab es nicht rund um die Uhr Fernsehen, sondern nur am Samstagnachmittag Kinderprogramm, und darüber hinaus wurde allerhöchstens in den Schulferien mal eine Stunde geguckt. Ansonsten blieb die Kiste für das Mädchen aus. Ganz abgesehen von der Zeit, als ich noch ein Mädchen war, da saßen wir nur sonnabends nach dem Baden eine halbe Stunde alle zusammen um den Volksempfänger und hörten «Tanzmusik zum Wochenende». Die Kinder spielten draußen mit ihren Freunden Gummihopse oder Murmeln oder halfen im Haushalt. Sonnabends ging mir Kirsten beim Hausputz zur Hand, da gab es keine Diskussion. Wissen Se, ich ging ja auch arbeiten und hatte sogar Schichten zu fahren auf der Bahn, da musste jeder mit zufassen. Meine Männer waren alle ganz schnell emanzipiert nach den Hochzeiten. Jeder konnte selber Betten machen und sich Stullen schmieren, das habe ich denen ruck, zuck beigebracht! Ilse und Gertrud haben immer abends Berge von Schnitten geschmiert für den nächsten Tag, damit Kurt und Gertruds verstorbener Mann Gustav was zu beißen hatten auf der Arbeit. Das habe ich gar nicht erst angefangen. Mal hatte ich Frühschicht auf der Reichsbahn, mal Spätschicht – da hätte es sowieso nicht jeden Morgen geklappt und es hätte ein Durcheinander gegeben. Da wollte ich die Herren gar nicht erst an geschmierte Stullen gewöhnen. Nee, nee. Jeder musste mit zugreifen, und wenn auch nur bei kleinen Verrichtungen im Haushalt. Wenn man einem Kind langsam die Pflichten beibringt, geht es nach und nach ins Blut über, sogar Kirsten. Sie musste das Treppenhaus ausfegen, Wäsche wegsortieren und auch beim Kochen helfen. Geschadet hat es dem Kind nicht. Man kann viel über sie sagen, aber ihren Haushalt hat sie im Griff. Da blitzt es, und man kann alles mit Appetit aus ihrer Küche essen. Wenn einem die glücklichen Möhren auch nach zwei Tagen zum Hals raushängen, an Reinlichkeit mangelt es nicht. Da kommen meine Gene und meine gute Schule durch!

Wenn ich die unerzogenen, frechen Gören heute sehe, wissen Se, da muss ich mich oft zurückhalten. Aber dann denke ich wieder «Lass es raus, Renate, was man runterschluckt, macht auf die Dauer nur Magengeschwüre», und sage doch, was ich denke. Die dürfen alles und sind rotzfrech! Vor ein paar Wochen war ich bei Else Trupplaus auf dem Geburtstag. Ich kenne sie kaum, nur lose vom Sehen aus der Wandergruppe, aber sie wurde 75, und da muss man sich sehen lassen mit einem Kasten Konfekt (aber das billige für 1,49 Euro, man muss es schließlich nicht übertreiben; es sollte ja nur eine Aufmerksamkeit sein). Das ganze Wohnzimmer war voll mit tobenden und plärrenden Kindern. Alles Enkel, Urenkel oder einfach nur Besuch – niemand sieht bei denen wirklich klar, wer mit wem verwandt ist. Die Truppläuse sind eine fruchtbare Familie. Jetzt hätte ich fast versehentlich «furchtbare Familie» geschrieben, nur ein Buchstabe Unterschied, und schon wäre es eine Ungezogenheit gewesen. Es war so unerträglich laut, dass ich nach gerade einer Stunde gegangen bin. Wissen Se, bei uns zu Hause gab es immer einen Extratisch für die Kinder an Festtagen. Wenn man ganz artig war und brav, dann war es eine Auszeichnung, wenn man mal mit an der Festtafel der Erwachsenen sitzen durfte. Dann hieß es: «Renate, sei brav und rede nur, wenn du was gefragt wirst. Zeig mal deine Tischmanieren und blamiere die Mutti nicht, und vor allem: Sprich nicht mit vollem Mund, und sowieso, schweig still, wenn sich Erwachsene unterhalten!« Ja, so war das, und geschadet hat es mir nicht! Wenn ich fertig war mit dem Essen, fragte ich höflich, ob ich aufstehen und zum Spielen zu den anderen Kindern gehen durfte, und wenn ich brav war, gab es manchmal sogar noch ein Stück Schokolade, und Tante Hertha tätschelte mir den Kopf und sagte, wie groß ich doch geworden war. Das tat sie allerdings bis zu meiner dritten Hochzeit, ich glaube, sie war ein bisschen durcheinander.

Ich will ja gar nicht sagen, dass früher alles besser war. Die Erinnerung ist ein tückischer Freund, der gern verklärt und rosa färbt. Aber wenn man das mit dem Theater auf Elses Geburtstag vergleicht, nee, dann muss ich doch beklagen, dass so etwas wie Anstand und Benehmen heute kaum noch was zählen. Wissen Se, ich weiß gar nicht, wo ich anfangen soll. Die Kinder tobten und schrien, dass es nicht zum Aushalten war. Sie sollen spielen, überhaupt keine Frage! Aber doch nicht bei Tisch, und vor allem, wenn da das gute Geschirr steht. Da wurde mit den Füßen gestrampelt, da wurde gebrüllt und gequengelt – unerhört. Da gab es Brause aus Kaffeetassen zur Torte, und kaum war die Torte angebissen, wurde mit den Fingern reingepatscht, und der ganze Schmadder spritzte auf das Tischtuch. Währenddessen lief der Fernseher, und als die Werbung vorbei war, ließ auch das letzte Mädchen seinen Löffel fallen und rannte auf die Couch. Natürlich ohne sich die Hände zu waschen. Auch vor dem Essen war keines der Bälger in der Badestube, um die Finger sauber zu machen!

Man muss mit der Zeit gehen und soll Kinder nicht behandeln wie des Kaisers Soldaten, denken Se nicht, dass ich das damit sagen will. Nichts liegt mir ferner. Kinder sollen sich entfalten, sich ausprobieren, spielen, entdecken und sich zu Persönlichkeiten entwickeln. Aber doch nicht ohne Regeln und Grenzen! Ein bisschen Anstand sollte man ihnen doch wohl beibringen. Ein paar Grundwerte und Grundzüge von Benehmen, das ist keine Frage der heutigen Zeit, das zählt immer, sage ich Ihnen. Wenn ich die jungen Muttis dann höre mit ihrem «Ach, die sind doch alle so», «Das ist eben die heutige Zeit» oder «Aber wenn Finley-Luca seine Serie nicht gucken kann, wird er so wütend, dann schreit er den ganzen Abend und ich kann nicht FRAUENTAUSCH gucken» – dann habe ich kein Verständnis dafür. Gott sei Dank bin ich alt und habe meine Kirsten groß. Sicher, sie tanzt in Wallegewändern im Mondschein mit Kaninchen und singt dazu, aber sie ist doch ein anständiger Mensch geworden. Irgendwie jedenfalls. Sie wissen schon, wie ich das meine – einen kleinen Knall haben doch viele, aber unterm Strich muss ich mir keine Sorgen machen, dass sie auf die schiefe Bahn gerät. Ob das für die Muttis von den Finley-Lucas auch gilt, weiß ich nicht.

Brause zur Torte!

Ich mache mir auch bei der kleinen Lisbeth keine großen Sorgen, dass aus ihr mal ein anständiges Mädchen wird. Ihre Eltern sind liebevolle Menschen. Mein Stefan sowieso, und auch Ariane hat bei mir alle Zweifel ausgeräumt. Sie hat ein bisschen einen spröden Charme und eine knorrige Schale, aber im Herzen ist das Mädchen ein Goldstück. Wie sie sich um die Kleine bemüht, nee, das hätte ich ihr nicht zugetraut. Sie hat Lisbeth sogar versucht zu stillen, denken Se sich das mal. Es hat nicht lange geklappt, aber versucht hat sie es. Das rechne ich ihr hoch an, das versuchen die jungen Dinger doch heute auch kaum noch, weil sie Angst haben, sie ruinieren sich den Busen. Da haben sich auch die Prioritäten verschoben. Früher war der Busen erst dazu da, Männer verrückt zu machen, und später, Kinder satt zu machen. Heute wollen se den Busen schön straff behalten und geben den Babys gezuckerte Milch aus der Tüte, damit se bis ins Alter die Männer scharfmachen können. Ach, die Zeiten ändern sich …

Ariane kümmert sich wirklich liebevoll. Lisbeth mangelt es an nichts. Ich habe mir geschworen, dass ich mich als alte Tante nicht in die Erziehung einmische und nur einen Rat gebe, wenn es unerlässlich ist. Man will sich schließlich nicht unbeliebt machen. Die jungen Leute müssen ihre eigenen Erfahrungen und auch hin und wieder einen Fehler machen. Wenn es um das Wohl des Kindes gegangen wäre, na, da wäre Renate Bergmann aber eingeschritten, das kann ich Ihnen sagen! Aber es gibt keinen Grund. Lisbeth entwickelt sich prächtig. Ach, so ein kleiner Sonnenschein! Sie lacht und strahlt und freut sich zu mir, da geht mir das Herz auf. Sie macht nun schon die ersten Schritte, kaum dass sie ein Jahr alt ist. Überall krabbelt und tapst sie hin und geht auf Entdeckungsreise in ihrer kleinen Welt. Am liebsten spielt sie mit meinem Besteckkasten. Das hat Stefan als kleiner Bub schon immer gern gemacht, da schlägt sie ganz nach dem Papa. Das Klimpern der Löffel macht ihr so viel Freude! Selbstverständlich lasse ich sie nicht mit den Gabeln und Messern spielen, das Kind könnte sich schließlich verletzen! Nee, nee, der alte Spruch «Messer, Gabel, Schere, Licht sind für kleine Kinder nicht» gilt immer noch. Für kleine Kinder und für Kurt.

Wenn Ariane mit dem Mädel bei mir ist, krabbelt die Lisbeth als Erstes an meinen Schrank, wo ich immer eine kleine Süßigkeit für sie bereithalte. Das weiß sie ganz genau, da zieht sie sich dann am Schrank hoch und sagt «Lala!». Ach, und dann lachen wir, und Lisbeth kriegt ein kleines Stückchen Schokolade von einem Riegel abgebrochen. Nur ein ganz kleines Stück, damit sie sich die Zähnchen und den Appetit nicht verdirbt. Ich habe die Süßigkeiten für Lisbeth in eine Extra-Dose gelegt, sie ist rosa und ordentlich beschriftet. Die für Norbert ist grün, da habe ich Hundekuchen drin und so kleine Knochen zur Zahnpflege. Man darf da um Himmels willen nicht die Dosen verwechseln, aber ich habe alles gut im Blick.

**Die Berber macht noch immer Rechen-Hausaufgaben mit Jemie-Dieter. Er hat es ihr schon vier mal erklärt, aber sie versteht es immer noch nicht.**

Der Junge ist ein ganz freundlicher und pfiffiger. Er muss nach dem unbekannten Vater kommen, von der Berber hat er das nicht. Manchmal, wenn er nachmittags die Schule aushat und nach Hause kommt, kommt er zu mir hoch in den dritten Stock, und ich helfe ihm bei den Hausaufgaben. Deutsch und Mathe bis zur vierten Klasse kann ich noch, auch wenn ich nur auf der Volksschule war. Ach, der ... Jens ... ich sage immer Jens zu ihm ... der Jens ist so ein lieber Junge. Er macht auch ganz automatisch einen großen Schritt über die Teppichkante und zerwuselt mir die Fransen nicht. So jemand kann kein schlechter Mensch sein! Ich stelle ihm auch immer etwas Süßes hin. Naschen muss er es aber bei mir, die Berber futtert ihm doch sonst alles weg, ich kenne die. Wenn sie weiß, dass Jens bei mir ist, macht sie extra früh Feierabend, hetzt die Treppe hoch und klingelt Sturm. «So, Schluss für heute, Jeremy-Elias kommt nach Hause.» Jeremy-Elias, sehen Se, so heißt er.

Mit dem Meiser-Bengel werde ich nicht warm. Die Doris Meiser hat aber auch einfach nicht auf mich gehört, als ich zu mehr Strenge riet. Was interessiert die schon das Geplapper einer alten Frau, nich? Aber das Ergebnis sehen wir ja jetzt – hat der Bengel doch mit 16 Jahren seiner Klassenlehrerin ein Kind gemacht. Die

Meiser war fix und fertig. Bei mir auf dem Küchensofa hat sie gesessen und geweint und geweint ... ich wusste gar nicht, was ich machen sollte außer Korn nachschenken. Es wurde dann alles diskret geregelt, die Lehrerin ging in Mutterschutzurlaub, der Jason-Maddox auf eine neue Schule und gut.

Ich merke mir nicht mehr, wer nun wie heißt. Jeremy-Elias oder Jason-Maddox, ich bitte Sie. Das lohnt sich auch nicht mehr, mit 17 ziehen die eh aus und sind weg. Heutzutage ziehen se ja alle entweder gleich nach der Schule aus oder gar nicht mehr, dann haben sie die Blagen bis über 30 im Haus. So wie Inge Schmiedeck mit ihrem Michael. Der ist immer schon ein wenig zurück gewesen und wurde auch morgens mit dem Bus abgeholt. Der sagt bis heute «Tante Genake» zu mir, und das mit ... lassen Se mich überlegen, der war eine Klasse über der Katrin von Fleischfelds, und die hat vor zwei Jahren mit 41 noch ein Kind gekriegt ... die muss jetzt 43 sein, dann muss der Michael 44 werden.

Wir können nie Kaffeekränzchen bei ihr machen, immer wäre der Junge dabei. Da fühlt man sich doch nicht wohl, wissen Se, wir alten Damen wollen ja auch mal unter uns sein und keine Rücksicht nehmen. Wenn ein Kind dabei ist, spricht man ja doch nicht so frei.

Nee, dann lieber mit 16 ausziehen, sage ich immer. Das hat Kirsten damals auch gemacht, sie ist zur Lehre nach Leipzig gegangen und hat Krankenschwester gelernt.

**Ich bin bestimmt keine schlechte Hausfrau, aber Weihnachtssterne und Ehemänner habe ich immer nur mit Mühe über den Winter gebracht.**

Ach, mit den Gräbern und den Friedhöfen hat man wirklich immer zu tun und nie Ruhe. Man muss pflanzen, harken, gießen; im Herbst muss alles mit einer Tannenzweigdecke ausgelegt werden, vor Totensonntag und an Allerheiligen müssen Gestecke und Grablichter aufgestellt werden, und wenn einer meiner Männer Geburtstag oder Sterbetag hat, müssen frische Blumen auf das Grab. Die Leute gucken doch! Manchmal fahre ich auch außer der Reihe. Wenn ich Blumen geschenkt bekomme, die zu streng riechen, zum Beispiel. Einem meiner Männer lege ich die dann zu Füßen, das geht immer reihum. Und wenn mal nicht zu gießen oder zu harken ist, dann schlägt die Bürokratie zu.

Oft fragen mich die Leute: «Renate, warum machst du dir denn noch die Mühe mit der Grabpflege? Deine Männer sind doch alle schon so lange tot – lass doch die Gräber einebnen. Behalte Walter noch, neben den du selber mal willst, aber mach die anderen platt. Dann hast du mehr Ruhe.» Ja, das ist eine Überlegung wert, da haben se recht. Aber ich bringe das einfach nicht übers Herz. Ich habe vor dem Traualtar versprochen «in guten wie in schlechten Zeiten», und daran hält sich eine Renate Bergmann auch. Wer erbt, muss auch gießen. Und es steht ja nirgends, wann man das Erbe abgegossen hat. Nee, die Zuneigung hört nicht auf, nur weil der andere unter der Erde ist, und schon gar nicht hört es auf, weil die Liegezeit abgelaufen ist. Außerdem – irgendwo muss ich ja auch mal bleiben, wenn der da oben mich zu sich ruft. Ich will ja, dass sie mich neben Walter legen. Wenn nichts dazwischenkommt. Gertrud will nach letztem Stand – das wechselt bei ihr immer mal – bei ihrem Gustav mit ins Grab. Sie liegt dann sozusagen auf ihm. Also mir wäre das nichts. Der arme Gustav. Gertrud ist nicht die Zierlichste, wissen Se, und so ein Sarg wiegt doch seine anderthalb Zentner. Das würde ich Walter nicht zumuten, wo er doch schon zu Lebzeiten einen Leistenbruch hatte und immer so ein Ziehen, wenn er schwer heben musste.

Nun, und wenn ich neben Walter beerdigt werden will, dann muss ich auch das Grab für ihn weiter bezahlen. Und was für einen gilt, gilt für alle. Stellen Se sich mal vor, ich komme da oben an und habe mich nur um eines der vier Gräber gekümmert? Nee, das geht so nicht. Hinzu kommt, dass ich mich um Otto wegen der Mauer ja erst seit 89 wieder kümmern konnte. Der liegt in Moabit. Außerdem hält einen die Grabpflege jung. Man bleibt in Bewegung! Wer weiß, ob ich noch so gut zu Fuß wäre, wenn ich nicht zweimal die Woche das große Gießprogramm absolvieren würde? Als ich nach der Operation an der Hüfte ein paar Wochen außer Gefecht war, na, da haben sich Schludrigkeiten eingeschlichen, sage ich Ihnen! Sicher, ich habe überall Gießfreundschaften. Die machen das, wenn ich mal nicht kann, das ist keine Frage. Da kann ich mich drauf verlassen. Aber den besonderen Pfiff kriegt so ein Grab erst, wenn man es selber pflegt. Man hat doch im Gefühl, wenn die Begonien mal eine Kanne Wasser extra brauchen oder wenn mal gedüngt werden muss. Ich habe erst mal wieder Grund reinbringen müssen, kaum dass ich wieder mit der Krücke laufen konnte. Ich habe auf jedem der Friedhöfe eine eigene Harke und eine Kanne. Man muss ja so aufpassen heutzutage. Aber wir haben für alles eine Lösung gefunden. Die Gießkannen hatte ich eine Zeitlang mit einem Schloss und einer Kette festgemacht, aber wissen Se, Schlüssel für vier Friedhöfe am Bund – nee, das ist auch nicht schön. Gertrud hat schon immer gelästert, dass ich mit mehr Schlüsseln rumlaufe als ein Schließer im Knast. «Na, Renate, wo hast du den Wachhund?», hat sie mich begrüßt. Es war aber auch immer ein Geklapper! Die Augen wollen auch nicht mehr so richtig, und wie oft hat man noch die Brille für Weitgucken auf und die für Handarbeiten nicht dabei, und dann ... ach, nee. Da habe ich mir dann was anderes überlegt.

Ganze Kannen trage ich schließlich sowieso nicht mehr, das ist mir zu schwer. Ich gehe lieber einmal öfter und mache sie nur halb voll. Ich habe ja Zeit. Deshalb hat Kurt mir auf halber Höhe ein paar Löcher in die Kannen gebohrt. So läuft das Wasser raus, wenn man sie volllaufen lässt, und der Dieb kriegt nasse Füße. Und kalte, hihi. Die klaut kein Mensch, die können Se unbeaufsichtigt stehen lassen. Kurt war froh, dass er – natürlich unter Ilses Aufsicht – mal wieder an die

Bohrmaschine durfte, und ich konnte die Schlüssel vom Bund knüppern. Auch wenn es dadurch etwas länger dauert, kriegt jeder seine drei Kannen und Walter wegen der prallen Sonne noch einen Extraschluck. Dafür gönne ich mir, wenn ich fertig bin, im Schatten der alten Tannen auf der Bank auch einen Belohnungs-Korn.

Nee, kurzum – die Gräber einzuebnen kommt nicht in Frage für mich. Außerdem war ich mit Gertrud erst letztens auf der Messe «Grabtrends und Kranzmoden», da habe ich so hübsche Bepflanzungen gesehen, die muss ich unbedingt ausprobieren. Wenn ich mal nicht mehr krauchen kann, ja, dann muss man neu überlegen. Es soll für niemanden eine Last werden. Aber solange ich mich noch selbst kümmern kann, bleiben die Gräber. Auch wenn es nicht billig ist, ein Grab noch mal um 10 Jahre zu verlängern. Als es bei Wilhelm so weit war und die Dame vom Friedhofsamt mir die Summe nannte, Sie, da hat es mich fast lang hingestreckt vor Entsetzen. Ich wollte nicht den Friedhof kaufen, sondern nur das kleine Stückchen, auf dem Wilhelm liegt, weitergießen! Aber es bringt ja nichts, sich aufzuregen, und ich habe eine gute Rente. Die Herren sind es mir auch wert.

Letzthin war es wieder so weit, bei Franz lief die Liegezeit ab. Ich habe das extra im Küchenkalender angeschrieben gleich Anfang des Jahres, dass ich mich ab März darum kümmern muss. Da trage ich immer alles ein, was wichtig ist: Arzttermine, Friseur, Blut abnehmen, Kegeln, Geburtstage ... wissen Se, Händi hin und her, aber das Gepiepse mit dem Alarm ist mir nichts. Außerdem weiß dann der Ami, wann ich zum Kegeln gehe. Die spähen doch alles aus! Wobei mir das mit dem Kegeln keinen rechten Spaß macht. Ich überlege, es aufzuhören. Man muss da fremde Schuhe anziehen mit Fußpilz drin, und die Kugeln haben Löcher. Da fragt sich eine Renate Bergmann, was das soll! Außerdem schummelt Ilse sogar beim Kegeln. Beim Rommé, ja, dessen war ich mir schon gewahr, deshalb spiele ich schon lange nicht mehr mit ihr. Da kenne ich ihre Tricks. Aber dass sie sogar beim Kegeln falsch zählt und aufschreibt, nee, das nimmt einem doch die Freude daran. Außerdem habe ich manchmal Wasser in den Fingern, und dann passen sie sowieso nicht in die Löcher von den Kegelkugeln. Die Finger meine ich, Sie nicht. Sie ja sowieso nicht.

Ach, der Küchenkalender ist schon praktisch. Den hat man jeden Tag im Blick, da wird nichts vergessen, und es sind immer leckere Kuchenrezepte drauf. Ich bekomme ihn immer vom Bäcker, meist im November. Die Apotheke verschenkt auch welche, aber da ist nur Gesundheitszubehör auf den Bildern, von dem man ein ganz schlechtes Gewissen bekommt. Wenn einen den ganzen Monat eine schwitzende Frau von einem lila Kullerball aus anlächelt, na, da traut man sich gar nicht, einen Stich Butter an die Möhrchen zu tun. Und dann stehen nur Turnübungen drauf, die man in der Stube nicht nachmachen kann, und dass man kalt duschen soll. Ich hab doch nicht nach '45 Steine geklopft, um heute kalt zu duschen! Außerdem haben die sich in der Apotheke immer sehr pingelig mit den Kalendern. Jeder bekommt nur einen. Besonders die Kleine mit dem Dutt, die passt auf wie ein Schießhund, dass keiner einen zweiten kriegt. Einmal wollte ich für Gertrud auch einen Kalender mitnehmen – den hat sie mir nicht gegeben! Ich bin dann am nächsten Tag noch mal hin mit anderer Mütze und dem dunklen Mantel, habe gewartet, bis sie mit einem Rezept nach hinten ist, und die Frau Sommer gefragt. Die ist immer sehr nett und schreibt mir auch die Zuzahlung immer, ohne zu murren, in das Bonusheft. Aber die Graue mit dem Dutt rief von hinten aus dem Lager: «Ute, Frau Bergmann hat schon einen Kalender! Du weißt doch, jeder Kunde nur einen!» Hat eben nicht geklappt, Gertrud musste selber hin. Die mit Dutt kann mich nicht leiden, ich weiß das wohl. Die schreibt auch immer ganz unleserlich auf die Tropfen, ob dreimal täglich oder bei Bedarf. Eine ganz unsympathische Person ist das. Aber man kriegt ja auch beim Fleischer Kalender, und die haben sich nicht so dumm und geben auch mal einen zweiten mit. Allerdings sind die nicht so schön, die haben vier Spalten. Das ist eher was für Familien, das brauche ich als alleinstehende Person ja nicht.

Ja, im September war der Termin ran, Franz' Grab musste verlängert werden. Ich hatte es für März angeschrieben, man weiß ja, wie die Verwaltung in Berlin arbeitet. Man wartet monatelang auf einen Termin, der fällt dann aus, weil der Bearbeiter zur Weiterbildung ist oder weil sie den Computer gerade umstellen, und am Ende drehen sie es so, dass man noch schuld ist. Wissen Se, als ich hinmusste und einen neuen Ausweis machen lassen, da haben die den Termin abgesagt, weil: «Wir stellen gerade die Computer um», und als ich dann eine Woche später da ankam, standen die alle noch am selben Platz! Alles Ausreden. Wussten Sie, dass man «Verwaltungswissenschaft» studieren kann? Ich meine, das sagt doch alles. Die machen es so kompliziert, dass man studieren muss, um es zu verstehen. Hören Se mir doch auf. Früher ist man zur Friedhofsverwaltung gegangen, hat ein Formular ausgefüllt, das haben die abgeheftet, dann wurde Geld überwiesen und gut. Aber die machen ja alles anders und neu und nennen es «Verwaltungsreform». Wenn ich das schon höre! Wenn die Reform sagen, dann heißt das, dass hinterher nichts mehr funktioniert, alles doppelt so teuer ist und dreimal so lange dauert. Aber es ist modern und hält die Leute auf Trab. Jetzt kümmert sich also das «Bürgeramt». Sie machen sich ja kein Bild, was da los ist! Man muss monatelang auf einen Termin warten, und wenn der dann ran ist, sitzt man trotzdem seine zwei Stunden ab, weil keiner was im Computer findet. Wissen Se, mit den Computern ist das ja so: Das, was man an Zeit einspart, weil die alles einfacher machen, das kommt wieder drauf, weil sich keiner auskennt und zurechtfindet. Stefan hat mir die Klappkiste, auf der ich immer tippe, so eingestellt, dass ich nichts falsch machen kann. Der Junge hat große Angst, dass wieder was passiert wie damals mit dem

Kleid von Lady Di! Ich habe trotzdem rausgefunden, dass das Hundeshampoo und der Flohpuder für Norbert viel billiger sind, wenn man sie in England bestellt. Was meinen Se, was Gertrud da spart! Man muss doch gucken, wo man bleibt, nich wahr? Das muss ich aber heimlich machen, Stefan schlägt sonst die Hände über dem Kopf zusammen und sagt: «Eines Tages rollt hier mal ein Lkw mit Rinderhälften aus Rumänien an, weil du wieder was Falsches gedrückt hast, Tante Renate!» So was hängt einem nämlich nach, das werden Se nicht wieder los.

Ich habe also angerufen beim Bürgeramt, als Franz' Liegeplatz fast abgelaufen war. Eine Stimme vom Band sprach, dass denen mein Anruf sehr wichtig sei. Deshalb ließen se mich erst mal gut zehn Minuten Bumsmusik vom Band hören. «WE SIMPLY THE PEST» oder so. Ab und an wurde die Musik leiser, und die Stimme sagte, dass es nun bald so weit sei und dass der nächste freie Mitarbeiter sofort für mich da wäre. Ich dachte jedes Mal, dass es nun losginge, und fing an zu sprechen, aber kurz darauf wurde die Musik wieder lauter, und es dudelte «GRIECHISCHER WEIN». Ich wurde fuchsteufelswild. So was können die doch nicht machen mit einem! Ich drückte Sternchen und Fensterchen und irgendwann die Fünf. Beim Lotto und beim Pferdewetten nehme ich auch immer die Fünf, die bringt mir Glück. Irgendwann knackte es wieder, und die Stimme sagte, dass eventuell aufgeschnitten würde oder mitgezeichnet. Mir war es egal, Hauptsache, ich bekam nun bald einen richtigen Menschen an die Strippe. Diese Bandstimme war so fröhlich, man hätte denken können, die freut sich auf den Feierabend, dabei war es gerade halb zehn am Vormittag. Sie frohlockte, dass der nächste freie Mitarbeiter ... da knackte es ganz laut, und eine Frau murmelte in Nuscheldeutsch, was sie für mich tun könne. Ich stellte mich erst mal vor, das gehört sich ja wohl, und schilderte ihr dann, dass es um die Liegezeitverlängerung geht. Keine große Sache, ich mache das alle paar Jahre für einen meiner Gatten. Ich sagte auch gleich, dass es bei Gustav, dem Mann meiner Freundin Gertrud, auch bald so weit sei und dass Gertrud und ich die Formalitäten zusammen erledigen wollten.

Sie schwieg. Sie schwieg für meine Begriffe ziemlich lange. Ich überlegte kurz, ob ich mich wohl falsch ausgedrückt hatte und sie mich hätte missverstehen können, aber nee. Wissen Se, diese Beamtenmenschen sprechen ja eine eigene Sprache. Wenn man einen Brief vom Amt kriegt, kann man den manchmal ohne Wörterbuch gar nicht lesen.

«Hallo, Fräulein?», fragte ich. «Sind Sie noch da?»

«Jaja ...», erklang es aus dem Hörer. Man musste sich wirklich nicht wundern über die langen Wartezeiten, wenn die Telefonfräuleins bei denen alle so langsam waren. «Sie möchten die Formalitäten für sich und Ihre Freundin erledigen.»

«Für mich und Frau Potter, ja. Gertrud Potter. Die

Liegezeiten unserer Männer auf den Friedhöfen in ...»
Dass man immer alles zweimal sagen muss!

Dann lachte sie. «Frau Bergmann, Sie sind ganz falsch verbunden. Bei mir können Sie gleichgeschlechtliche Partnerschaften eintragen lassen.»

Ach du liebe Zeit. Das fehlte mir noch. Wissen Se, ich bin ein toleranter Mensch. Wegen meiner sollen Se alle machen, was se wollen, solange ich nicht mitmachen muss ... ich war ganz verdutzt und entschuldigte mich, obwohl das ja gar nicht nottat, immerhin hatte ich nicht falsch gewählt, die hatten mich falsch durchgestellt. Aber es kam in der Aufregung dann ganz automatisch ... und die Dame konnte ja auch nichts dafür. Sie war so nett, trotz Fehlverbindung im Computer nachzugucken und einen Termin bei der Friedhofsverwaltung für mich zu machen. Nur sechs Wochen später! Da konnte man nicht meckern.

Ariane ist ja eine ganz Pfiffige, die spann gleich ein bisschen rum, als ich an der Kaffeetafel zu erzählen begann.

«Weißt du, Tante Renate, lasst euch das doch mal durchrechnen mit euren Renten. Vielleicht spart ihr Steuern. Und wenn das so einfach geht am Telefon, dann rufst du noch mal an und beantragst Kindergeld für Norbert und dass euch die Hundesteuer erlassen wird.» Ach, die jungen Leute! Wissen Se, die behandeln mich nicht wie eine olle Frau, sondern machen Witze mit mir wie unter ihresgleichen. Das hält einen jung!

Als der Termin dann ran war im Mai und ich zum Bürgeramt fuhr, hatte ich die Lesebrille eingesteckt und las GANZ GENAU, was ich da unterschreiben sollte. Man weiß ja nie, nicht dass ich da am Ende noch als Renate Potter rausgegangen wäre.

**Hilde trinkt Pickoli aus der Flasche und muss nun ein Bäuerchen machen. «Sei froh, dass die Luft oben rauskommt», sagt sie.**

Letztes Jahr hatte ich einen Friedhofsvorfall! Sie, da habe ich mich so aufgeregt, dass ich zweimal Schwester Sabine anrufen und fragen musste, ob ich nicht besser eine halbe Blutdrucktablette mehr nehme.

Es ging um Franz. Ich habe Ihnen – glaube ich – schon mal erzählt, dass er ein Hallodri war und jedem Rock nachgelaufen ist. Er war als Mann ein ganz klarer Fehlgriff, was soll ich da lange drumrum reden? Er hatte eine tiefe, brummige Stimme, und wenn er «Renaaaaate» rollte und mich mit seinen schwarzen, großen Augen ansah, dann wurde ich immer wieder schwach. Eine Renate Bergmann ist eben auch nur eine Frau, und damals hatte ich auch noch Hormone, die in solchen Fällen das Hirn ausschalteten.

Ich war lange nicht die einzige Frau, bei der das so war, das wusste ich immer. Franz hatte seine Poussiermädchen, mit denen er rumgockelte. Fremdgegangen ist er nie, das weiß ich genau. Eine Frau spürt so was, und ich kannte Franz. Er war eine Milchsemmel und hat immer kalte Füße gekriegt, wenn es ernst wurde. Wenn es so weit gegangen wäre, hätte ich aber auch meine Koffer gepackt und wäre gegangen, das können Se mir glauben. Niemand betrügt eine Renate Bergmann! Das bisschen Balzen und Scharmutzieren ließ ich ihm durchgehen, wissen Se, das regte nur den Appetit bei ihm an, und davon hatte ich schließlich auch was. Sie verstehen schon. Heute sagen so viele «Appetit holen ist erlaubt, aber gegessen wird zu Hause», wenn sie einer Frau nachgucken auf der Straße. So einer war mein Franz damals schon. Er kam mir immer wieder mit Überstunden, dabei wusste ich genau, dass er wieder Kaffee trinken war mit seiner Kollegin. So manches Mal habe ich mir überlegt, ob ich die Ehe nicht lieber beenden sollte, aber wissen Se – wenn man mit einer Scheidung bei dem da oben ankommt dereinst, dann hat man auch schlechte Karten! Und er ist ja dann auch bald gestorben. Die genauen Umstände weiß ich bis heute nicht, er war auf einer Dienstreise im Westteil von Berlin, er war ja Reisekader, und dann kam ein Telegramm. Einen Herzschlag soll er gehabt haben im Hotel, mehr hat man mir nicht gesagt. Es waren ja Mauerzeiten, man erfuhr nichts. Ich musste froh sein, dass ich ihn durch den Zoll nach Hause gekriegt habe in seinem Zinksarg. Ich glaube ja bis heute, ihn hat der Schlag getroffen, als er mit so einem Luder im Hotel vielleicht doch einen Schritt weitergehen wollte. Aber was nützt alles Spekulieren, soll er in Frieden ruhen, bis ich da oben erscheine, dann werde ich das schon mit ihm klären. Gut geerbt habe ich damals, da kann man nicht meckern. Franz hat gut verdient und war üppig versichert, deshalb hat er auch einen Grabstein aus schwarzem Granit bekommen, und die Inschrift habe ich den Steinmetz mit Blattgold auslegen lassen. Da lasse ich mich nicht lumpen. Franz ruht in Staaken, und über 30 Jahre lang war alles friedlich. Ich pflanzte, goss und harkte, ab und an schimpfte ich ihn dafür, dass er das Unkraut am Fußende so üppig sprießen ließ, aber sonst passierte nichts.

Letztes Jahr im Frühjahr ging es dann los. Kaum hatte ich die Stiefmütterchen gepflanzt, als plötzlich ein paar Tage später – ich wollte nur harken und gucken, ob die Pflänzchen gut angewachsen waren – ein Strauß bunter Tulpen auf Franz' Grab stand. Das machte mich stutzig. Es kommt ja immer mal vor, dass eine Oma nicht mehr so genau guckt und das Gebinde auf ein falsches Grab legt, oder es gibt solche Fälle wie Gertrud, die einfach wildfremde Gräber harkt, nur um wohlhabenden Männern näher zu sein. Da kennt sie keine Grenzen, sage ich Ihnen – letzthin hat sie sogar eine Reifenpanne am Rollator vorgetäuscht, hat die Bluse aufgeknöpft und sich an den Straßenrand gestellt, um Herren anzulocken! Nee, das hier war ein anderer Fall. Hinter diesem Blumenstrauß steckte mehr. Ich hatte so ein merkwürdiges Gefühl. So was spürt eine Renate

Bergmann doch! Ich ließ es auf sich bewenden, aber die Sache ging mir nicht aus dem Kopf.

In den folgenden Wochen hatte ich immer wieder das Gefühl, dass was nicht in Ordnung war auf dem Friedhof. Kam ich zum Gießen, war da gerade frisch geharkt?! Das ging mir mehrere Male so, und manchmal war auch noch alles so feucht, dass ich gar nicht gießen musste. Da stimmte doch was nicht!

Ich habe dann meine Route geändert. Üblicherweise fange ich in Moabit bei Otto an und arbeite mich über Wilhelm in Karlshorst zu Franz in Staaken vor, bevor ich zu guter Letzt Walter in Spandau begieße und dort auf der Bank im Schatten einen kleinen Belohnungskorn genieße. Und was soll ich Ihnen sagen, kaum dass ich das zweite Mal frühmorgens statt erst mittags an Franz' Grab ankam, habe ich das Flittchen erwischt: Eine Graugelockte mit Rollator – ein Sportmodell mit Leichträdern und Einkaufsnetz – pusselte zwischen den Stiefmütterchen von meinem Franz rum!

«Sie gehen mir da SOFORT mit Ihrer Harke aus den Blumen von MEINEM MANN!», rief ich schon von weitem, und ich merkte, wie ich so wütend war, dass mir die Stimme zitterte. Sollte ich etwa nach fast 40 Jahren das Luder vor mir haben, mit dem Franz mich damals betrogen hat? Ich kochte innerlich. Die Dame zuckte zusammen vor Schreck und wollte flüchten, aber was soll ich Ihnen sagen. Sie hatte den Rollator ja nicht zum Vergnügen mit, sondern weil sie ihn nötig hatte, und eine Renate Bergmann ist nicht von gestern, sondern auf Zack. Ich hatte meine Harke so zwischen ihre Räder verkeilt, dass sie nicht wegkonnte.

Die entwischte mir nicht!

«Los, raus mit der Sprache! Wer sind Sie, und was machen Sie hier am Grab meines …»

Ich stutzte.

Die Dame war nach dem ersten Schreck über mein Brüllen zurückgewichen, aber jetzt lächelte sie.

DAS LUDER LÄCHELTE MICH EINFACH AN! Eine ganz Unverfrorene war das. «Wie die Berber in alt», dachte ich bei mir.

Das brachte mich aus dem Konzept. Aber nicht nur das, da war noch was anderes. Ich war irritiert, mich erinnerte sie nämlich an jemanden.

«Renate. Nun sag bloß, du erkennst mich nicht mehr!», sprach sie und stützte sich an meiner Schulter ab. Ich gab den Rollator frei, sie schien mir nicht fliehen zu wollen. «Ich bin doch Hilde. Hilde Ackermann!»

«Hilde Ackermann? Du liebe Zeit!» Mein Herz hüpfte gleich weiter im Rase-Takt, aber nicht vor Wut, sondern vor freudiger Aufregung. Hilde Ackermann war unsere Nachbarin gewesen in Staaken damals! Wir hatten uns aus den Augen verloren. Wie das immer so ist, anfangs ruft man sich noch an zum Geburtstag oder an Ostern und wünscht frohe Feiertage, aber irgendwann denkt man sich «Na, Hilde hätte ja auch anrufen können» und entschuldigt es so vor sich selber, dass man es vergessen hat. Und was soll man sich auch immer erzählen? Dass alle gesund sind und wer gestorben ist? Ach, wissen Se, mir liegt so was nicht. Aber wenn man sich nach so vielen Jahren – es müssen über 20 gewesen sein! – so unverhofft wieder trifft, dann freut man sich.

Hilde und ich hakten uns unter und gingen auf einen Plausch in ein kleines Café. Wir hatten uns wirklich viel zu erzählen, ach, es war so ein schöner Tag!

Obwohl es erst später Vormittag war, bestellte Hilde Pickoli. Das ist Sekt in kleinen Flaschen, wissen Se. Aber die Freude des Wiedersehens musste gefeiert werden. Früher tranken wir gern «Mokkaperle» zusammen bei der Frauentagsfeier, das war Sekt, der mit Mokka versetzt war. Ach, der brizzelte so schön und brachte den Kreislauf ordentlich in Schwung! Ilse konnte das nie trinken, weil er sie so aufputschte, dass sie tagelang nicht schlafen konnte, und Gertrud bekam davon Pusteln im Dekolleté. Den haben sie auch bald wieder aus dem Verkauf genommen, aber Hilde und ich erinnerten uns gern an unsere schönen Feiern mit Mokkaperle. Wir stießen mit der prickelnden Pickolibrause an und ließen es uns gut gehen. Man muss die Feste feiern, wie sie fallen, heißt es immer, und ich sage Ihnen: Wenn sie nicht von alleine fallen, dann muss man sie eben ein bisschen schubsen.

Ach, wir ratschten fast den ganzen Nachmittag und tauschten die neuen Telefonnummern. Immer, wenn Hilde mich seitdem anruft, meldet sie sich mit «Hallo Renate, hier ist das grau gelockte Luder vom Friedhof», und dann lachen wir ... Wie schön, dass wir uns wiedergefunden haben!

**Mit Menschen ist es wie mit Pilzen. Zuerst sieht man die schrillen, bunten. Aber die sind meist giftig. Die guten muss man länger suchen.**

Nun weiß ich gar nicht, ob Sie sich noch an Erwin Beusel entsinnen? Den Erwin habe ich seinerzeit bei der Kur ... REHA kennengelernt. Ein sehr fescher Herr, der auch verwitwet ist und in Berlin-Wilmersdorf wohnt. Erwin hat noch volles, wenn auch weißes Haar und ist ein durch und durch stattliches Mannsbild. Für seine 84 ist er noch tipp topp in Schuss. Er hatte früher eine Autowerkstatt, die er so gut an den Sohn übergeben konnte, dass er finanziell unabhängig ist. An sich wäre er durchaus in Betracht gekommen als Gatte für mich, das gebe ich gerne zu. Er ist ein Mann mit Niveau. Aber letztlich zählen nicht nur Geld und gutes Aussehen – wissen Se, das gewisse Etwas fehlt einfach.

Ich erzähle Ihnen das mal ganz offen, wie das mit uns ist, damit Sie sich nichts Falsches denken. Wir sind ja unter uns, und Sie plaudern es bestimmt auch nicht weiter, nich? Letzthin hat Erwin nämlich solche Andeutungen gemacht, er sprach von «uns» und «wir», und das klang so, als wären wir nun ein Paar und würden zusammenleben. Mitnichten. Deshalb sage ich es freiheraus: Nee, so ist das nicht bei uns. Wir sind oft zusammen unterwegs und unternehmen viel. Er kommt mit auf Ausflüge, ach, es macht ja doch mehr Spaß, wenn man zusammen reist, nicht wahr? Zwei-, dreimal die Woche ist er auch des Abends bei mir und wir schauen gemeinsam fern. Erwin kommt dann meist schon zum Abendbrot, und wenn wir unsere Schnitten verdrückt haben, schneide ich uns noch ein paar Äpfel in Spalten oder pelle uns eine Apfelsine ab, und dann machen wir es uns vor dem Fernseher gemütlich. Wir schauen beide gern Musikfilme oder Berichte aus dem Tierreich an, ach, das ist immer sehr nett. Richtig gemütlich machen wir es uns, Erwin sitzt auf der Couch, ich in meinem Fernsehsessel, wir legen beide die Füße hoch und kraulen ab und an den Kater, der zwischen uns schnurrt. Von Erwin lässt sich Katerle nicht gern kraulen, den hat er schon ein paarmal gekratzt. Halten Se mich jetzt nicht für eine Spinnerin wie Kirsten, aber Katzen haben einen siebten Sinn. Vielleicht spürt der Kater, dass Erwin nicht der Richtige ... Mehr darf ich gar nicht schreiben, sonst denkt Kirsten, sie hat mich bekehrt mit ihrem Blödsinn, wenn sie das liest.

Ja, dann naschen wir Apfelspalten, der Erwin und ich, und es ist gemütlich, und wir sind sehr vertraut. Wir streiten auch nie über das Programm. Aber mehr passiert nicht, machen Se sich da mal keine falschen Vorstellungen. Erwin fährt immer nach Hause, wenn die Sendung vorbei ist, meist gegen neun. Er hat im

Dunkeln keine Angst, und es sind auch nur ein paar Stationen mit dem Bus. Manchmal kommt er auch mit dem Auto, zum Beispiel, wenn wir die schöne Volksmusiksendung im Ersten anschauen. Die geht bis bald gegen elf, und so spät fahren die Busse dann nicht mehr so oft. Wenn er dann los ist, habe ich keine Ruhe, bis er durchgeklingelt hat, dass er gut zu Hause angekommen ist. Erst dann kann ich einschlafen.

Erwins Gesellschaft ist wirklich reizend, aber für eine Ehe reicht es nicht. Verstehen Se mich nicht falsch, er ist ein herzensguter Mensch, aber … nee. Mein Gefühl sagt einfach nein. Das Thema ist erledigt. Wenn man älter wird, dann ändert man sich nicht mehr so leicht. Gucken Se, ich bin seit nun bald 20 Jahren Witwe und lebe allein, da richtet man sich ein.

Das geht schon bei den Möbeln los. Ich kann den Fernsehsessel so hinstellen, wie ich es will, ohne Rücksicht zu nehmen, ob vom Sofa aus auch jemand richtig gucken kann. Ich muss nur darauf achten, dass es nicht blendet, und ich kann die Gardine vorziehen, wenn ich es für richtig halte. Wenn Kirsten kommt, muss ich aufpassen, dass sie nicht mit der Wünschelrute durchgeht, Wasseradern findet, und alles wegen Sching-Schang-Pfui verrückt. Das versucht sie jedes Mal, wenn sie auf Besuch kommt, sie gibt einfach nicht auf. So ein Quatsch. Wissen Se, jedes halbe Jahr entdeckt sie die Reichtumsecke woanders. Wenn ich auf Kirsten hören würde, stände die Couch vor der Tür und keiner käme mehr rein in die Wohnstube. Nee, ich habe die

Zeitung für mich und muss nicht mit den Traueranzeigen warten, bis ein Mann den Sportteil ausgelesen hat beim Frühstück, und es stehen auch keine Schuhe rum im Flur, über die man am Ende noch stolpert.

Im Badezimmer ist es genauso. Wissen Se, man nutzt den Raum ganz anders aus, wenn man allein lebt. Und wenn dann mal ein Seifenrest im Waschbecken ist, na, dann muss ich wohl zugeben, dass ich es gewesen bin.

Nehmen Se nur Kurt als Beispiel. Da gab es erst letztes Jahr auf dem Weihnachtsmarkt wieder einen Vorfall. Ilse und ich hatten uns untergehakt, wissen Se, es ist nicht nur glatt, sondern meist auch sehr voll, da muss man auf seine Handtasche achten, schließlich haben se bei «Nepper, Schlepper, Bauernfänger» immer davor gewarnt. Auch wenn das nicht mehr läuft, gilt das bis heute. Man muss immer ein waches Auge haben! Ja, Ilse und ich hatten uns untergehakt und hielten unsere Handtaschen gut fest. Trotz aller Gefahr wollten wir aber unseren Eierpunsch trinken, nich wahr? So will es die Tradition, das machen wir jedes Jahr im Advent. Kurt wollte sich nicht mit einhaken. Er blieb immer einen Schritt hinter uns, und mir schwante schon, dass er gleich weglaufen würde. Wie er das nur immer macht? Wir haben einmal nicht ganz genau aufgepasst, weil uns so ein halbstarker Rowdy angerempelt hat und wir abgelenkt waren, und schon war Kurt weg. Ilse wollte schon einen Schreck kriegen, was man aber nicht zulassen darf. Sonst hört das Gejammer den ganzen Abend nicht mehr auf, Sie kennen sie ja. Deshalb zog ich sie gleich auf die Seite, und wir guckten nach Kurt.

Eine Renate Bergmann weiß schon, wo sie gucken muss, der Schlawiner war los zum Riesenrad! Es ist jedes Jahr dasselbe; er kauft sich heimlich eine Zehnerkarte und fährt den halben Abend lang. Ilse ist entschieden dagegen, dass er die ganze Rente dort verfährt, und deshalb macht Kurt es auf die heimliche Tour. Nee, ich sage Ihnen, Männer! Die werden nie erwachsen. Die werden 14, und danach wachsen se nur noch. Neulich habe ich im Bus einen kleinen Jungen gehört, der zu seiner Mutter sprach: «Mama, wenn ich mal erwachsen bin, will ich sein wie Papa!» Da hat sich die Mutter runtergebeugt und leise gesagt: «Kind, beides geht nicht. Da musst du dich entscheiden.» Und da hat se recht.

Den Schaffner am Riesenrad stört Kurt nicht, im Gegenteil, der hat seine Freude an ihm. Wenn wir Kurts Gondel entdeckt und ihn im Blick haben, gehen Ilse und ich in Ruhe unseren Eierpunsch trinken. Vor zwei Jahren hat er uns so gut geschmeckt, dass wir gar nicht gemerkt haben, dass Kurt hinter uns stand, weil seine Karte abgefahren war. Da ist er mit dem Riesenradschaffner gleich weiter zum Büchsenwerfen. Nur durch Zufall haben wir das gemerkt, als der Mann in dem Büdchen laut schrie: «Nee, nee, nee, Opa! Nicht auf die Teddys werfen! Auf die Büchsen!» Sie wissen ja, Kurt sieht nicht mehr so gut, es mag gut sein, dass es gar keine Absicht war ... aber irgendwie hat Kurt es geschafft, doch eine Pyramide umzuwerfen, und durfte sich einen

Preis aussuchen. Als er Ilse und mich näher kommen sah, winkte er uns zu. Dann gab er Ilse ein Küsschen auf die Wange und schaute lange auf die Gewinnpalette. Es war fast wie früher beim «Glücksrad», nur dass es keine Bonusrunde gab, in der man ein Auto gewinnen konnte. Er sagte zum Büchsenbüdchenchef: «Ich nehme die Lockenwickler für meine Frau.»

«Ach Kurt, du oller Zausel», sagte Ilse, und in ihren Augen schimmerte ein Tränchen. Sie nestelte seinen Kragen gerade und gab ihm ein verstohlenes Küsschen auf die Wange. Ich stand daneben und lächelte beseelt in mich hinein. So viel Liebe nach über 60 Jahren Ehe! Ich glaube, das ist nur möglich, wenn man sich so lange kennt.

Auf so verrückte Ideen würde ein Erwin Beusel nicht kommen. Deshalb war es richtig, dass wir unsere Freundschaft bei dem beließen, was sie war – nämlich eine nette Bekanntschaft zweier älterer Herrschaften. Verstehen Se mich? In den Heiratsannoncen steht ja immer «Suche Begleitung zwecks gemeinsamer Freizeitgestaltung». Das geht in Ordnung, das machen wir sehr gern. Aber manchmal steht da ja auch «Spätere Heirat nicht ausgeschlossen» – und da ist dann der Unterschied. Das schließen wir aus, darüber sind wir uns einig, und deshalb verstehen wir uns so gut.

So, nun wissen Se Bescheid über Erwin und mich. Tanzen und fernsehen ja, aber jeder schläft in seinem eigenen Bett und legt seine Zähne in sein eigenes Glas.

Das macht das mit der Erbschaft aber auch einfacher,

denken Se sich bloß, wie das die Dinge komplizieren würde, wenn wir beide vor den Traualtar träten. Erst mal wäre dann meine Witwenrente weg. Sie dürfen sich da keine falschen Vorstellungen machen, so viel ist das gar nicht. Manche denken ja, weil ich viermal verwitwet bin, würde ich nun Rente für vier verblichene Gatten bekommen. Schön wär's! Wenn man neu heiratet, verfällt der Anspruch auf Witwenrente. Und wenn der neue Gatte dann wieder stirbt, wird es neu berechnet. Dann zählt nur die Rente, die der letzte Herr hatte, nicht die höchste Rente von einem der vier. Das ist ungerecht, aber es bringt ja nichts, sich aufzuregen. Nicht, dass ich mich nicht beschwert hätte, schon fünf Rentenministern habe ich geschrieben, beim Blüm angefangen bis hin zu der Drallen von der SPD, die immer mit der Schlafanzugjacke im Bundestag spricht und kein SCH sagen kann. Aber nichts. Ich habe nie Antwort bekommen. Dabei habe ich die Kontonummer gleich mit reingeschrieben und die Adresse auch. Es ist ungerecht. Aber wo war ich? Ach, bei Erwin und der Erbschaft.

Wir haben nie darüber gesprochen, aber ich glaube, der Erwin hat schon ordentlich was angespart. Er hatte ja früher auch ein Autohaus zur Werkstatt, aber nicht Koyota. Ich habe es mir nicht gemerkt. Der Sohn hat jetzt das Autohaus. Wir waren mal da, und er hat es mir gezeigt. Sehr gediegene Fahrzeuge, meist silber oder schwarz, wenn Ihnen das jetzt hilft … Erwin hat wirklich eine sehr gute Rente, aber die Frage, wie gut genau, stellt sich nicht. Wenn wir auf Reisen sind oder zum Tanz ausgehen, lädt er mich gern mal ein, und mal bezahle ich auch. So viel Emanzipation muss schon sein, schließlich bin ich kein Poussierfrollein, das sich aushalten lässt.

**Männer meinen es meistens gar nicht böse. Die sind nur plump und ungeschickt. Da muss man als Frau ein bisschen Nachsicht haben.**

Ich wurde auch gewahr, dass Erwin Beusel nur ein guter Bekannter ist, als ich den Herrn Hagekorn letzten Sommer wiedertraf. Kennen Se den noch? Den Herrn Hagekorn? Herrmann Hagekorn, ich habe Ihnen von ihm geschrieben seinerzeit. So ein wunderbarer Mann. Ein richtiger Herr! Wir hatten uns auf einer Busfahrt kennengelernt, und Herr Hagekorn hatte sich als Galan erwiesen, dessen Umgang ich sehr genoss. Er ist Apotheker im Ruhestand und hoch in den Achtzigern, aber noch 1A, das kann man nicht anders sagen. Er schlurft ein bisschen beim Gehen, aber er fährt noch selbst Auto, hört und sieht prima und finanziell ... fragen Sie nicht! Er war Apotheker. Muss ich noch mehr sagen? Ganz noblen Zahnersatz hat er, keine Billigware aus Tschechien, und auch Anzüge vom Feinsten aus englischem Tuch. Was meinen Se, was los war, als wir uns nach der Busfahrt ab und an gesehen haben. Sein Sohn wurde ganz nervös, als Herrmann ihm am Telefon von mir erzählte. Eine vierfach verwitwete Dame, Sie können sich ja denken, was da in seinem Kopf vorging. Ich kannte das ja schon von Walters Kindern, und nun hatte ich noch ein Grab mehr ... Ratzfatz kam der Bengel angebraust vom Tegernsee, wo die Familie ein Anwesen hat. Der Friedrich – so heißt der Sohn vom Herrmann Hagekorn – tat sehr freundlich, aber seine Augen haben mir laut und deutlich «Du bekommst den Vati nicht, du olle Hexe» gesagt. Wie eine schwarze Witwe hat er mich angestarrt! Ein eiskalter Schauer lief mir über den Rücken, ich sage Ihnen, ich musste mich wirklich erst sammeln. So ein unverschämter Kerl. Als ob ich meine Männer totgebissen hätte! Die sind alle von ganz allein gestorben, sogar Franz, egal, was damals geredet wurde. Da war gar nichts dran!

«Komm, Renate, reg dich nicht auf», sagte ich mir. Auf verlorenem Posten zu kämpfen würde da gar nichts bringen, und ganz offen – wenn der Herrmann sich vom Sohn den Umgang vorschreiben ließ, dann taugte er als Ehemann sowieso nichts. So ein Teigarm kam mir nicht vor den Altar, ich bitte Sie. Eine Renate Bergmann weiß, wenn es keinen Sinn hat. Aber einen kleinen Spaß erlaubte ich mir schon. Ich stand mit Grandezza auf – Gott sei Dank hat Herrmann in der Wohnstube bequeme hohe Sessel mit Aufstehhilfe. Nichts wirkt doch erbärmlicher, als wenn man erst zwei-, dreimal Schwung holen muss, um hochzukommen, wenn man sich von der Couch erhebt. Ich stand also auf, strich mir die Strickjacke glatt und sagte «Ich mache uns noch eine Kanne Tee ...», und dabei versuchte ich so zu gucken wie der olle Kinski in den schwarzweißen Gruselfilmen. Also, das habe ich probiert, und es verfehlte die Wirkung nicht. Der Friedrich verschluckte sich vor Schreck an dem Tee, den er schon nippte, und Herrmann musste ihm auf den Rücken klopfen. Er rührte auch meine Buttercremetorte nicht an und beeilte sich nur, ins Hotel zu kommen.

Es ging dann alles ganz schnell, Herrmann Hagekorn zog zum Sohn an den Tegernsee, und die Villa im Grunewald wurde verkauft. Da sind die Kinder ja alle gleich, ich konnte das bei Kirsten auch schon beobachten: Wenn sie das Erbe in Gefahr wähnen, werden sie fürsorglich.

Herrmann und ich blieben aber immer in Kontakt. Ab und an haben wir telefoniert und uns durchgegeben, wie die Blutdruckwerke so waren, und an den Feiertagen und zu den Geburtstagen schickten wir uns einen Brief. I-Mehl konnte und wollte er nicht. Man muss die Menschen so lassen, wie sie sind, wenn se nicht wollen, hat es ja doch keinen Sinn.

Ich bin ja schon überrascht, dass Ilse sich da jetzt eingefuchst und eigenes Interweb hat! Wissen Se, man muss mit der Zeit gehen. Ich habe das schon lange zu Ilse gesagt, aber sie kam ja nicht mal mit dem Videotext zurecht. Ohne Inlein ist man doch heute von der Welt abgeschnitten. Dass so viele Alte sich dem verweigern, verstehe ich nicht. So schwer ist es doch gar nicht! Ich sage immer, wenn die Berber, die nicht mal einparken kann, ohne mit der Zierkappe an den Bordstein zu schrammen, das kann, dann kann ich das auch. Sicher, man muss alles genau lesen, damit man nichts Falsches drückt und aus Versehen was kauft, aber wenn man ein bisschen aufpasst, hat man das im Griff. Eine Zeitlang habe ich deshalb abgeraten, aber Ilse war sowieso ständig an meinem Händi und stellte sich gar nicht so ungeschickt an. Als sie dann so schnell meinen Rekord beim Bonbons-Schieben auf Candicrash gebrochen hat, wusste ich, dass sie es schafft. Ich habe den Jonas angerufen, ihren Enkel, und wir haben alles eingerichtet und unterschrieben. Stefan hat ihr einen Klappcomputer besorgt von einem Freund, der war gebraucht, aber er meinte: «Der reicht hin für das bisschen Oma-Geklimper.» Ich habe mit Stefan abgesprochen, dass er sie von Twitter und von Fäßbock fernhält. Kurt musste versprechen, dass er die Finger vom Gerät lässt. Er kennt die Regel: Alles, was einen Stecker hat und mit Strom geht, ist tabu. Im Grunde gilt «Messer, Gabel, Schere, Licht – darf der alte Kurti nicht», aber so deutlich darf man das nicht sagen, sonst fühlt er sich zu sehr unter den Pantoffel gestellt.

Kurt hat ja auch ein Notfallhändi, so ist es nicht. Sein Enkel hat es ihm geschenkt. Es ist ein sehr altes Gerät, ziemlich groß und mit Tasten. Der Rüpel hätte seinem Großvater ruhig ein modernes Händi spendieren können, so oft, wie er und Ilse ihm einen Fünfziger zustecken. Das ist viel Geld heutzutage, das war früher eine ganze Mark! Aber Sie kennen die Rabauken ja, die kommen nur, wenn das Taschengeld alle ist, und sonst lassen sie sich nicht blicken. Ilse sagt, wenn das Telefon klingelt und Jonas dran ist, weiß sie schon, dass das Geld bei ihm wieder knapp ist. Das ist der einzige Grund, aus dem er sich meldet. Ich kenne das von Kirsten, mir muss sie nichts erzählen.

Kurt kann mit dem Gerät meist nur auf freien Flächen telefonieren, beim IKEA in Spandau geht es gut. Das liegt am Netz, sagt Jonas. Von außen sieht der Apparat ganz normal aus. Es muss sehr fein sein, dieses Netz. Aber Frau Pichler hat auch immer Haarnetze getragen, die sehr fein waren.

Und sehen Se, auf dem Friedhof geht es auch. Hin und wieder fährt Kurt jetzt mit dem Koyota raus und ruft von da aus Ilse an, um ihr zu sagen, dass Netz ist und was sie am Abend kochen soll und dass er sie lieb hat. Was soll ich sagen. Ich freue mich mit ihm, dass er Spaß daran hat, aber sinnvoll ist das alles nicht. Es ist ein wirklich altmodisches Gerät, mit dem man nicht mal ins Internetz gehen kann. Also für mich wäre das nichts.

Am Interweb hat Kurt aber auch gar kein Interesse. Ilse hat ihm ein paarmal am Klappcomputer gezeigt, wo das Benzin am billigsten ist, und einmal haben sie nachgeschlagen, wie die Bayern 1973 im Europapokal gegen Traktor Dresden gespielt haben, aber schon wegen seiner Augen hat er bald die Geduld verloren und lässt Ilse beim Gockel suchen, wenn er was wissen will.

Ilse machte ja keine Fehler. Also, fast. Sie ist eben eine ganz Genaue und hat tatsächlich die allgemeinen Geschäftsbedingungen vom Amazon ausgedruckt und zwei Nächte lang gelesen, bevor sie «weiter» geklickt hat. Ja, sie ist eben sehr gründlich. Nach ein paar Wochen hatte sie rausgefunden, dass der Gelierzucker für ihre Mehrfruchtmarmelade ein Drittel billiger ist, wenn man ihn aus Norwegen schicken lässt, und zwar unter Berücksichtigung von Zoll und Versandkosten. Da habe ich gestaunt. Wissen Se, bis dahin war ich immer die «Onlein-Omi», aber auf einmal war mein Ilschen da auch firm. Ich bin nicht eifersüchtig oder neidisch, nein, das dürfen Se nicht glauben. Nee, man muss den Hut ziehen vor ihr. Sie guckt auch das Fernsehprogramm selbständig nach und das Wetter, sogar Biowetter mit der Vorhersage für Rheumaleiden und Herzkreislauf.

Sehen Se, jetzt bin ich ganz vom Herrn Hagekorn abgekommen, aber es ist ja so: Der Herrmann hat eine so feine Handschrift, man glaubt es kaum. Das könnte ich im I-Mehl gar nicht sehen. Stefan sagt, nur mit noch mehr Gerät. Aber das kommt nicht in Frage, ich weiß auch gar nicht so genau, wie der Herrmann am Tegernsee eingerichtet ist. Jedenfalls hat er als Apotheker sein ganzes Berufsleben lang rätseln müssen, was die Ärzte ihm da auf die Rezeptscheine geschrieben haben, und da hat er sich oft so aufgeregt, dass er sich geschworen hat, immer ordentlich zu schreiben. Bei Herrmann ist ein Buchstabe wie der andere. Ach, man fühlt sich selber angespornt, ordentlich zu schreiben, wenn man mit einem so korrekten Herren korrespondiert. Früher habe ich sogar immer einen Spritzer TOSCA auf den Umschlag gemacht, damit er fein duftet. Seit ich Erwin kenne, aber nicht mehr, der ist nämlich sehr eifersüchtig. Sie machen sich ja kein Bild! Hihi, stellen Se sich die beiden Opa-Gockel mal vor: beide weit über die 80 und buhlen um mich olle Frau. Ach, da fühlt man sich doch gleich wieder jung und begehrt. Die beiden Zausel, nee!

Ich bin mit Ehrlichkeit im Leben immer gut gefahren, aber wenn es um Männer geht, halte ich mich an den Rat: «Die können zwar alles essen, aber sie müssen nicht alles wissen!» Oma Strelemann war eine kluge Frau, ich hätte in dem Punkt auch im Alter auf sie hören sollen. Aber ich dachte so bei mir: «Renate, sei offen und ehrlich und erzähle den beiden Herren voneinander, damit es keinen Ärger gibt.» Wissen Se, ich habe keinem der beiden je Anlass zur Hoffnung auf mehr gegeben, schon gar nicht auf eine Ehe. Dass die sich trotzdem so um mich bemühen, schmeichelt mir zwar, aber es ist doch auch ein bisschen albern. Nee, hätte ich bloß auf Oma Strelemann gehört!

Erwin hat SOLCHE Augen gekriegt, als ich einen neuen Brief vom Herrmann bekam. Ich habe dann auch mit dem Beantworten immer zwei Wochen gewartet. Und plötzlich schrieb Herrmann, dass er mich besuchen wollte in Berlin. Er würde gern die alte Heimat wiedersehen, Tegernsee hin und her – Berlin fehlte ihm, und sehr gern würde er mich ausführen bei seinem Besuch. Na, da hätten Se den Erwin mal sehen sollen! Wie so ein oller Platzhirsch. Kraftausdrücke hat er gebraucht und über Apotheken im Allgemeinen und Herrmann im Besonderen geschimpft. «Der greise Pillendreher» hat er ihn genannt, denken Se sich nur! Ich habe ihn deutlich zurechtgewiesen und bin mit Herrn Hagekorn ausgegangen ins Theater. Ein ebensolches veranstaltete Erwin an dem Abend, Sie machen sich kein Bild! Ich hatte sozusagen eine Doppelvorstellung. Das Scheibchentelefon stand gar nicht still. Schon als wir noch auf dem Weg ins Theater waren, läutete Erwin an und klagte über schlimme Bauchschmerzen. So was Albernes, der olle Zausel war doch tatsächlich eifersüchtig! Ich habe das Telefon dann ausgeschaltet, wie es auch Pflicht ist im Theater. Ein Drama nach Shakespeare reichte mir, da musste ich nicht noch ein Drama mit Beusel dazuhaben. Nach der Vorstellung, als ich das Händigerät wieder anstellte, hatte ich neun Anrufe von Erwin, der letzte war gerade fünf Minuten her. Er lebte also noch, ich musste mir keine Sorgen machen. Ich ließ mich von Herrn Hagekorn im Taxi nach Hause fahren. Er begleitete mich sogar noch bis zur Tür, deutete einen Handkuss an und fuhr von dannen wie ein Prinz in seinem weißen Gefährt. (Bei uns in Berlin haben Taxen ja dieses frische Beige.)

Zur Strafe habe ich zwei Wochen lang keine Apfelsine mehr beim Fernsehen für Erwin gepellt. Wo Schluss ist, ist Schluss!

―――――― Mich haben heute zwei junge Fräuleins nach dem Weg zum **SOLARIUM** gefragt. Ich habe sie zum **KREMATORIUM** gelotst. Ein kleiner **SPASS** ab und an hält einen jung. ――――――

**Mir ist in der Aussegnungshalle der Korn runtergefallen.
Das Fläschchen ist aber zu Gertrud gerollt, und keiner hatte
mich in Verdacht.**

Je älter man wird, desto mehr Gedanken macht man sich auch darum, wie es mal mit einem zu Ende geht und in welchem Rahmen sie einen zur letzten Ruhe tragen sollen. Erst recht, wenn man so viel auf Friedhöfen rumkommt wie ich.

Ich habe alles geregelt, das wissen Se. Aber trotzdem guckt man sich um, es gibt ja auch bei den Beerdigungen Moden und immer wieder was Neues.

Man sollte sich auch fragen, ob der eigene Bestatter noch der richtige ist. Zu «Bestattungen Schlachter» würde ich schon wegen des Namens nicht gehen. Bei «Ruhe sanft, Kießling und Söhne» haben sie jetzt einen eingestellt vom Arbeitsamt. Der hat eigentlich Friseur gelernt und war dann beim Theater in der Maske. Da muss ich auch abraten, denn eigentlich sollte er die Verstorbenen ja herrichten, aber man muss das ganz klar sagen – der Herr Pichler richtet sie zu. Ich habe mich so erschrocken, als ich Inge Trautmann hab liegen sehen im offenen Sarg, nee! Sie machen sich kein Bild. Sie sah aus wie Heinz Rühmann in «Charleys Tante».

Ganz grell und bunt war sie. Inge war eine so bescheidene und natürliche Frau, die hatte allerhöchstens mal dezenten Lippenstift drauf. Aber der Pichler von Kießlings hat sie vollgekleistert mit Ruusch, damit sie lebendig aussieht. Ich bitte Sie, das ist doch nicht der Ort dafür! Nee, das konnte so nicht bleiben, da musste ich eingreifen! Alfred, ihr Mann, hat gar nicht weinen können in seiner Trauer, so verstört war er. Gott sei Dank war ich beizeiten da, ich wollte nämlich am offenen Sarg Abschied nehmen von Inge und auch die Blumen angucken und das Buffet. Außerdem musste ich Alfred in Augenschein nehmen. Er ist erst Mitte 60 und kam eventuell als Mann für Frau Schlode in Betracht, und falls das nichts war, könnte ich ihn für den Männerchor rekrutieren, die brauchen immer Nachwuchs. Und Alfred Trautmann half es doch auch, wenn eine Frau mal mit hinguckte. Männer haben doch da nicht so ein Händchen, wenn es um Blumen und Tischgedecke geht. Der Arme stand auf verlorenem Posten. Ich habe ihn erst mal rausgeschickt, damit er guckt, ob nicht etwa Traudl Kramer neben Gerda Pflaume sitzt. Ich kenne die beiden, die picheln dann Kräuterlikör, obwohl sie ihn nicht gut vertragen, und kichern rum. Auf einer Beerdigung! Die mussten wir trennen. Ich habe Inge Trautmann dann mit ein paar feuchten Reinigungstüchern das Gröbste aus dem Gesicht gewischt. Sie, ich sage Ihnen, das war gar nicht einfach, ich musste ganz schön rubbeln. Diese Theaterschminke klebt wie Pech, die kriegt man eigentlich nur mit einem Spezial-Gegenmittel wieder weg. Aber wenn ich schrubbe, dann wird es auch reine. Wir haben Inge jedenfalls ordentlich gewaschen und frisiert unter die Erde gebracht, wie es sich gehört. Später, nach einer guten Woche, bin ich noch mal hin zu Alfred Trautmann und habe die Rechnung vom Bestatter Kießling angeguckt. Tatsächlich wollten sie für «Waschen und Herrichten des Leichnams» die doppelte Pauschale berechnen. Na, die haben mich aber kennengelernt! Von wegen doppelte Pauschale fürs Waschen, ich kannte Inge Trautmann. Das war eine ganz feine Frau, die hat jeden Sonnabend als Erste gebadet, die Kinder waren ja alle aus dem Haus. Da gab es nicht viel zu waschen, und doppelt schon gar nicht. Und für die Bemalung konnten sie nun wirklich nichts nehmen. Kießling ist jetzt jedenfalls auch gestrichen. Ich bleibe wohl bei Rachmeier. Das Geschäft ist gleich um die Ecke, wissen Se, im Alter schätzt man die kurzen Wege. Der ist ein bisschen teurer, aber ich habe mit dem Rachmeier nur die besten Erfahrungen gemacht, und dort ist alles hinterlegt und verfügt, von der Musik bis zum Kleid. Wobei, mit der Musik weiß ich noch nicht. Bisher wollte ich den blinden Italiener mit «Teim Gudbei», aber das habe ich nun schon auf so vielen Beerdigungen gehört. Warten wir mal die neue DC von Helene Fischer ab, vielleicht ist da ja was Hübsches drauf.

**Frau Strillert darf nachmittags Bohnenkaffee, aber dafür kann sie nur noch Schnabeltasse. Dann trinke ich lieber Schonkaffee, aber mit Würde.**

Den Rachmeier kenne ich schon ... lassen Se mich nachrechnen ... liebe Zeit, über 50 Jahre. Die haben meinen Otto schon unter die Erde gebracht und auch Franz, Wilhelm und Walter. Die gab es schon vorm Mauerbau, dann zu DDR-Zeit und nach der Wende auch. Gestorben wird ja immer, dem Tod ist es ganz egal, wer regiert.

Ich kannte schon den Vater vom Thomas Rachmeier, den ... ach, wie hieß der denn gleich? Ich meine, Gerhardt. Ja. Gerhardt hieß der alte Rachmeier. Mein Wilhelm kannte ihn auch und hat für unseren Umzug damals sogar mal ein Auto bei ihm ausgeliehen. Ich habe mich neulich auf der REHA erst an die Geschichte erinnert. Nee, was aber auch alles passiert manchmal! Passen Se auf, ich erzähle es Ihnen.

Letztes Jahr war ich wegen meiner Hüfte ein Weilchen auf der Ersatzbank und sollte mich schonen. Da haben se mich in eine REHA gesteckt, und ich musste dort vorm Frühstück turnen und singen und wieder laufen lernen. Ach, es war im Grunde eine schöne Zeit, aber man war weg aus der gewohnten Umgebung. Ich freute mich auf meine Wohnung. Wie oft bin ich schon umgezogen im Leben, aber Spandau ist zu meinem Zuhause geworden. Hier will ich nicht mehr weg. Es war ein langer Weg dahin.

Wir hatten in den Sechzigern nur ein Zimmer, Wilhelm und ich, und als Kirsten unterwegs war, brauchten wir dringend eine größere Bleibe. Damals wohnten wir bei Mutter Vettschau auf der Turmstraße zur Untermiete, das ging so nicht mehr weiter. Heute, ja, da geht man zur Wohnungsbaugesellschaft und fragt. Dann guckt man sich eine Wohnung an und meckert ein bisschen, dass die Fliesen nicht schön sind oder das Bad kein Fenster hat, dann zeigen se einem noch zwei andere, aber dann nimmt man sie. Das war damals anders. Berlin war frisch geteilt, und überall war Mauer, egal wohin man schaute. Dafür haben die alle Steine gebraucht, und zum Häuserbauen war nichts mehr da. Sie ahnen ja nicht, was wir veranstalten mussten, um zu einer Wohnung zu kommen! Heiraten war die Grundvoraussetzung, und dass ich mit Kirsten schwanger ging, war auch von Vorteil. Später, in den siebziger Jahren, hätte das gereicht, um einen Anspruch auf zwei Zimmer mit Küche zu haben, aber seinerzeit langten nicht mal meine Umstände. Ich bin von einem Amt zum anderen gelaufen, und obwohl ich damals schon nicht auf den Mund gefallen war, führte das zu nichts. Wir haben deshalb einen privaten Ringtausch gemacht: Vier Mietparteien tauschten untereinander die Wohnungen. Das war kompliziert und erforderte viel Überredung aller Beteiligten, fragen Se nicht. Als Erstes wurde der alte Herr Kruppke, den wir überredet hatten, ins Heim zu gehen, wieder wankelmütig und wollte nicht mehr umziehen! Damit war der ganze Ringtausch in Gefahr, wenn er seine zwei Zimmer in Treptow nicht hergegeben hätte, wären Alberts auch nicht ausgezogen, und in deren Wohnung in Karlshorst wollten schließlich Wilhelm und ich! Also ist Renate Bergmann, damals noch Renate von Moorskötter, hin zum ollen Kruppke. Ohne Korn, ich war ja schwanger. Aber ich habe ihm versprochen, dass die Schwestern im Altenheim alle langbeinig sind und kurze Kittel tragen, und da wollte er doch. Als Nächstes musste jeder ein Auto mit Anhänger organisieren. Wer hatte denn schon ein eigenes Fahrzeug damals? Ach, Sie können sich das gar nicht vorstellen. Da war nichts mit Autovermietung, so was gab es nicht. Man musste jemanden kennen, der jemanden kennt, der ein Auto hat. Darum wollte sich mein Wilhelm kümmern. Er sagte, er könne einen B1000 organisieren von einem Freund. Das war ein Kleinbus, müssen Se wissen. Ein bisschen kleiner als die Postautos heute, aber geräumig und praktisch, da passte ordentlich was rein, und man konnte ihn trotzdem noch mit Autoführerschein fahren. Was Wilhelm nicht gesagt hatte: Sein Freund war Bestatter, der Rachmeier, der schon meinen Otto damals in Moabit beerdigt hat, und der B1000 war schwarz und hatte Gardinen an den Scheiben.

Es war ein Leichenwagen!

Ich habe mich so aufgeregt, wissen Se, so was kann man doch nicht machen! Andere Leute werden damit zur letzten Ruhe gefahren, und wir sollten unsere Schlafstubenschränke damit kutschieren? Unsere Betten, den Herd, na, was man eben so alles hat? Nee, Wilhelm hatte kein Gespür für Pietät. Aber was sollten wir machen, ein anderes Auto hatten wir nicht, und so mussten wir eben mit dem Leichenwagen umziehen. Man musste da praktisch denken, es nützte ja nichts. Sie haben keine Vorstellung, wie die Nachbarn geguckt haben, die alten genau wie die neuen! Ich habe mich so geschämt. Die alte Mesert von gerade rüber hat fast der Schlag getroffen. Oma Mesert ging immer in Männersocken und Holzpantinen. Man hörte sie klackern bis über die Straße. So was kriegt man heute gar nicht mehr, und das konnte auch nicht gut für die Füße sein, mir tat schon immer der Spann weh, wenn ich sie damit losklackern sah. Sie waren seitlich ganz schief gelaufen. Das kam von ihren O-Beinen, aber sie sagte immer: «Das ist der Beweis, dass die Erde rund ist und keine Scheibe!» Sie war sehr neugierig und schmuhte oft durch den Briefschlitz in ihrem Hoftor. Sie dachte, sie wäre so getarnt. Nie hat sie begriffen, dass das Hoftor unten einen zehn Zentimeter breiten Schlitz hatte und man ihre Füße sehen konnte. Ach, ein furchtbares altes Tratschweib war das. Was meinen Sie, wie schnell die durch halb Moabit flitzte mit ihren Holzpantinen, als sie den Leichenwagen sah, und überall rumerzählte, bei uns wäre jemand gestorben. Ich habe mich sehr geärgert und auch geschimpft. Wir sind auch nicht fertig geworden mit dem Ringtausch an dem Sonnabend. Abends saßen wir in unserer neuen Wohnung, die wir von Alberts übernommen hatten, und im Flur stand noch deren Esstisch. Außerdem etliche Kartons mit Tischwäsche, die aber angeblich keinem gehörte. Unser Vertiko war dafür beim alten Herrn Kruppke im Heim gelandet, fragen Se nicht, wie, ich weiß es bis heute nicht. Wir haben es zwei Wochen später wieder abgeholt. Da konnte man immer noch sein blaues Auge sehen, das Schwester Sabine ihm verpasst hatte, weil er ihr an den Po gefasst hatte. Dem Himmel sei Dank haben wir nur schnell das Vertiko eingeladen und sind von dannen im Leichenwagen.

So sortierten wir noch wochenlang unsere Möbel und tauschten uns aus, wir mussten ja immer gucken, dass das Auto ... frei war. Sie verstehen. Hatte es einen Sterbefall gegeben, mussten wir abwarten.

Sehr ärgerlich war auch, dass mein Zuckerkuchen und der Kaffee beim Umzug verlorengegangen waren, den ich für die Helfer eingepackt hatte. Es war ein großer brauner Karton, und ich hatte extra ein X draufgemacht. Sie wissen ja, wie das ist, alle schleppen alles durcheinander und stehen sich im engen Treppenhaus vor den Füßen, und dann weiß keiner mehr, wer was wohin gestellt hat. Erst hinterher beim Einräumen sortiert man sich wieder alles zusammen. Niemand konnte sich erinnern, dass er den Karton getragen oder gesehen hatte, und unsere fleißigen Umzugshelfer gingen ohne Stärkung nach Hause. Mir als Hausfrau ging das gegen die Ehre. Es blieb für Wochen ein Rätsel, wo mein Kuchen geblieben war.

Irgendwann, es war bestimmt schon Mai, saß ich dann beim Arzt, und die Frau Schleimbein erzählte, dass der Opa gestorben ist. Sie hätten das Beerdigungsinstitut Rachmeier ausgesucht, und sie schwärmte so von dem Service. Alle Formalitäten haben sie erledigt, und sogar mit dem Leichenwagen Thermoskannen mit Kaffee und Zuckerkuchen für den Leichenschmaus geschickt. Der Kaffee war zwar schon kalt, aber der Kuchen wäre ein Gedicht gewesen. Und das Beerdigungshaus hatte es nicht mal mit in Rechnung gestellt!

Wissen Se, ich war nicht oft sprachlos in meinem Leben, aber in dem Moment …

Ein paar Jahre später haben sie meinen Wilhelm dann im gleichen Auto in die Aussegnungshalle in Karlshorst gefahren, und da habe ich besser aufgepasst auf die Verpflegung: Beim Leichenschmaus gab es Zuckerkuchen und brühheißen Bohnenkaffee. Eine Renate Bergmann lässt sich doch nicht lumpen!

**Die ganze Grabreihe, in der mein Walter liegt, waren Patienten von Doktor Reiher. Aber das muss ja nichts heißen.**

Ich habe Berlin von so vielen Seiten erlebt in all den Jahren. Ach, ich entsinne mich so gerne an die Zeit in Karlshorst. Gleich nach dem Krieg lag alles in Schutt und Trümmern. Dann ging es kurz aufwärts, aber schon bald kam die Mauer. Im Osten ging es mit allem nicht so schnell voran wie im Westen. Hier, also da, ich schreibe Ihnen ja von Spandau aus, hielten sich manche Sitten und Gebräuche noch viel länger. Wir hatten zum Beispiel noch bis weit in die siebziger Jahre eine «Bimmel-Else». Das war eine Frau, die bei der Stadtverwaltung arbeitete und mit der Glocke rumfuhr, um wichtige Nachrichten zu verkünden. Damals war noch kein Interweb, wir hatten doch nicht mal alle Telefon! Also, wir nannten sie «Bimmel-Else», sie hieß nicht überall so. Je nachdem. Sie wissen schon. Else Grünert, so lautet ihr Name, war bei der Stadt dafür zuständig, die Aushänge am Schwarzen Brett zu machen, und wenn was Wichtiges wie zum Beispiel Stromsperre war, weil die was reparieren mussten, fuhr Bimmel-Else rum und schwang die Glocke. Die Leute machten die Fenster auf, und sie rief radelnd vom Fahrrad «Dienstagnachmittag zwei Stunden kein Strom», und jeder wusste Bescheid. Heute haben ja alle Fäßbock, aber damals war das eben so. Aber als Richard Krause Bürgermeister wurde Ende der siebziger Jahre, machte er Schluss damit. Er hatte Angst, dass wir noch ins Fernsehen kommen zu «Außenseiter, Spitzenreiter», und das war ihm peinlich. Ja, und Else Grünert bimmelte eben auch, wenn einer gestorben war. Dann kam sie rum und fragte, wer mithelfen könnte beim Sargtragen. Heute ist das ja kein Thema mehr, da kümmert sich das Beerdigungsinstitut drum. Früher war es anders. Da ging das im Dorf oder im Kiez immer reihum: Jeder der Männer musste mal mit ran. Wenn einer gestorben war, dann klingelte Else Grünert und sagte, so schaut es aus, der

Karl Fricke ist gestorben, und nun suchen wir Sargträger. Dienstag um zwei ist Beerdigung. Da wurden alle Männer mit rangezogen, und wer kein Attest vom Arzt hatte wegen Bandscheibe oder anderweitig zu tun, der musste mit ran an die Kiste und tragen. Meine Männer haben sich nicht gedrückt, weder Wilhelm noch Franz. Die haben beide brav getragen. Ich weiß noch, bei Hubert Huschler hat Franz extra freigenommen damals, damit er dabei sein kann. Es war ja auch eine Ehre, und außerdem galt die ungeschriebene Regel: «Wenn der Mann Sargträger ist, muss man als Familie keinen Kranz schicken.» Und das sparte ordentlich was!

Heute kommt der Bestatter ja mit so einem kleinen Bagger an und hebt das Loch aus. Ich habe es mir ganz genau angeguckt, man muss ja informiert sein, nich? Das geht ruck, zuck, man glaubt es kaum. Was haben sich die Männer früher gequält! Wenn die vorher noch nicht Bandscheibe hatten – nach dem Lochschippen hatten sie es. Ja, ja. Im Herbst wurden Reservegräber ausgehoben, damit es bei großem Frost nicht noch schwerer wird. Einmal hat es nicht gelangt, ich weiß noch, es war 68, noch bevor Kirsten zur Schule kam. Wir waren wochenlang unterwegs, um einen Schulranzen zu kaufen. Es war ein Schaltjahr, im Schaltjahr ist ja immer alles verrückt und durcheinander, da tragen die Tomaten nicht richtig, da werfen die Kaninchen Totgeburten, und da schimmeln einem die Erdbeeren im Weckglas, ganz egal ob man eine ordentliche Hausfrau ist oder nicht. Schaltjahr ist Schaltjahr. Ja, und im

Herbst 68 hatten die Männer auf dem Friedhof vier Gräber ausgehoben, das langte in der Regel gut hin, aber in dem Winter war alles wie verrückt. Noch vor Weihnachten sind vier Leute gestorben. Ich könnte Ihnen die hier alle aufzählen, wenn ich wollte – eine Renate Bergmann vergisst so was nicht! –, aber ich will Sie nicht langweilen. Sonst sitzen Sie beim Lesen da und rollen mit den Augen und sagen «typisch olle Frau».

ICH KENN SIE DOCH!

Nee, jedenfalls kam es, wie es kommen musste; wir hatten strengen Dauerfrost, der Boden war bis tief runter fest gefroren, und dann erwischte es die Mia Peschke. Ein junges Springinsfeld von gerade mal 78 Jahren war das, aber der Lebensmut hatte sie verlassen, und kurz nach Neujahr ist sie dann weg. Da mussten die Männer mit der Pickhacke ein Grab ausheben. Auf der Beerdigung war es bitterkalt, aber im Grunde sehr feierlich. Nur zum Schluss, als es daranging, ihr Erde nachzuwerfen, ja, da klang es etwas dumpf, als die gefrorenen Erdbrocken auf den Sarg trafen, aber wir sind dann gleich rein zum Leichenschmaus und haben uns bei heißer Hühnersuppe und ein paar Schnäpsen aufgewärmt. Damals bin ich ja nur mitgegangen, wenn ich den Verstorbenen auch wirklich kannte, und nicht, um gut zu essen und nette Menschen kennenzulernen.

**Wissen Se, was das Beste ist im Leben? Man muss nicht jedem gefallen und es nicht jedem recht machen.**

Stefan grinst immer ganz frech, wenn er Gertrud und mich beim Friedhof rauslässt. Ariane hat mich letztens, als ich anläutete, ob einer der Winklers uns fahren kann, sogar gefragt: «Na, Tante Renate, willst du wieder zur Kistenparty auf der Knochenkoppel?» Dabei ging es um einen Fußpflegetermin. Ich war sehr empört. Auch eine Renate Bergmann hat schließlich Gefühle. Sagte ich das schon?

Es geht ja auch gar nicht darum, dass ich mir nicht selbst Aufschnitt oder ein paar Stück Butterkuchen leisten könnte. Es geht darum, dass man mal unter Leute kommt. Wir gehen ja nicht zu Trauerfeiern, weil Ebbe im Froster ist. Jedenfalls nicht nur.

Ich mag auch immer so gerne, wenn der Pfarrer schön spricht. Das ist so wichtig für die Intim…, Atmo- herrje, für die Stimmung. Da muss man den Markt im Auge behalten. Wenn einer schön predigt, lasse ich mir seine Visitenkarte geben. Eigentlich weiß ich schon, wer mal die Abschiedsworte für mich sprechen soll, aber man hält ja trotzdem Augen und Ohren offen, ob sich nicht noch was Passenderes ergibt. Ab und an kommen auch die Herren Pfarrer mit zum Leichenschmaus. Oft sind die Leute dann besonders höflich. Also die anderen. Nicht, dass es dereinst noch Ärger gibt. Auch wenn viele nicht mehr richtig glauben, freitags keinen Fisch kochen und in der Kirche nicht mitsingen – ein bisschen

Respekt aus der letzten Religionsstunde ist da noch. Meist sind die Herren Pfarrer aber sehr lustige Gesellen, mit denen man tüchtig feiern kann. Die schmutzigsten Witze habe ich von einem Pfarrer gelernt. Was der erzählt hat, das kann ich hier gar nicht aufschreiben, das darf man nicht drucken. Am Ende lesen noch Kinder mit? Nee, da muss man vorsichtig sein. Gertruds Enkelin hat unseren Pfarrer Kampfert vor zwei Weihnachten mit einem Cocktailgetränk so dune gemacht, dass er dann Norbert gezeigt hat, wie man beim Gassi das Bein hebt. In Gertruds Wohnstube!

Mir hat mal ein ehemaliger katholischer Priester von einer Beerdigung erzählt, bei der ich sehr gern dabei gewesen wäre. Ich schwöre Ihnen, die Geschichte stimmt, schreiben Se mir, wenn Sie es nicht glauben, dann nenne ich Ihnen den Herren und Sie können nachfragen! Zu dem kam eine alte Dame, die Frau Rampiffler, deren Mann gerade gestorben war. Sie sprachen also die Trauerrede durch, und als der Pfarrer die Witwe fragte, welche Musik gespielt werden soll, sagte die Rampifflern: «Du hast mich tausendmal belogen» von Andrea Berg. Er hat dann einen starken Mokka für beide gebrüht und sich die Geschichte ihrer Ehe angehört, die ... nicht so schön war, und danach entschieden, dass er ihr den Wunsch erfüllt. Der Frau Rampiffler hat das alles gut getan, sie hat danach noch ein paar schöne Jahre gehabt ~~und wenn die Gerüchte stimmen, dann hat der Hans Burkard so manches Mal sogar bei ihr übernachtet~~ ... aber das weiß ich nicht so genau, das ist Altweibergewäsch, und daran will ich mich nicht beteiligen. Vergessen Se es. Oder ich streiche es einfach durch. Hihi.

Ich lasse mir die Beerdigungen nicht nehmen, auch wenn Stefan lacht. Der Lauser, der stänkert immer mit mir und bringt mich in Situationen – Sie ahnen es nicht! Einmal hatte er mir den Klingelton so verstellt, dass das Tomatentelefon «Eene, meene, miste, es rappelt in der Kiste» rief. Mitten in der Zeremonie! Wir sind dann nicht mit zum Buffet gegangen. Wir hatten auch so schon für genug Aufregung gesorgt.

**Der Busfahrer hat gefragt, wo mein Mann ist. «Die liegen mir zu Füßen», hab ich geantwortet, «alle vier. Auf jedem Friedhof einer.»**

Wenn wir zu einer Beerdigung gehen, sind wir immer ein bisschen zeitiger da. Wir fahren meist mit dem Bus und nehmen auch einen früher, man weiß ja nie, wie der Verkehr ist. Wie oft steht man im Stau, und dann hat man den Salat! Die bauen doch an allen Ecken und Enden. Wenn se hinten fertig sind, fangen se vorne wieder an. Ich habe ja eine Monatskarte, Gertrud hingegen kauft immer Einzelfahrscheine. Außer wenn wir zum Friedhof fahren, da löst sie aus Aberglauben die Rückfahrt immer gleich mit.

Wenn man aber zu früh in der Kapelle ist, fällt es auf,

dass man nicht von der Familie ist. Deshalb bummeln Gertrud und ich gern noch eine Runde durch die Grabreihen. Wissen Se, man kann an den Daten schon eine Menge ablesen. Wenn man mit offenen Augen durchs Leben geht, dann weiß man Bescheid, ohne groß nachfragen zu müssen. Neben Otto in Moabit liegt zum Beispiel ein gewisser «Albrecht Baumann». Groß eingraviert steht auch «Dr. med.» auf dem Grabstein, das war der Gemahlin wohl sehr wichtig. Er lebte von 1898 bis 1964, ist also mit 66 gestorben, wahrscheinlich war er noch nicht mal Rentner, und wenn, dann gerade so. Der hatte doch nicht viel vom Leben. Verheiratet war er mit Rosa, die eine geborene von Burscheidt war. Sie lebte von 1910 bis 1999. Da ist man doch gleich im Bilde darüber, dass die liebe Rosa alter verarmter Adel gewesen ist. Die hatte Glück, dass der Herr Doktor sie geehelicht hat, und war wahrscheinlich zeit ihres Lebens beleidigt, dass sie unter Stand hatte heiraten müssen. Man kann sich richtig vorstellen, wie sie nach Albrechts Tod noch 35 Jahre lang in ihrer Villa residiert wie 'ne olle Herzogin und das Personal schikaniert hat. Ja, so werden die Leute wieder lebendig nur anhand des Grabsteins. Deshalb sage ich immer: Der ist wichtig! Er ist die Visitenkarte des Menschen, wenn der mal nicht mehr lebt. Da kommt es auf jedes Detail an. Man will schließlich nicht, dass die Leute falsch von einem denken. So bummeln Gertrud und ich über den Friedhof und gucken, ob wir nicht ehemalige Bekannte finden. In unserem Alter muss man da meist gar nicht lange suchen. Wie oft stolpert man über einen Namen, der einem was sagt. Erst neulich standen wir vor dem Grab von Herrmann Albach. Ich konnte mich genau daran entsinnen, dass der '54 mit uns auf die Fahrt in den Harz gegangen ist. Er sah aus wie Onkel Pelzer, ich erinnerte mich an ihn, als wäre es gestern gewesen. Gertrud behauptete jedoch steif und fest, dass Herrmann Albach mit ihrem Gustav bei den Hühnerzüchtern war und dass er 1962 sogar Vizekreismeister bei der Rasseschau der Zwergfriesen gewesen ist. Wir hatten fast ein bisschen Streit, weil wir beide ganz sicher gewesen sind. Wie es der Zufall so wollte, kam eine alte Dame des Wegs und harkte den Herrmann Albach, was auch nötig gewesen ist. Nun kennen Se mich ja ganz gut und können sich wohl denken, dass eine Renate Bergmann keine Hemmungen hat, wenn es um so was Wichtiges geht. Ich habe sie angesprochen. «Sie werden entschuldigen, aber meine Freundin hier will nicht glauben, dass Ihr Herrmann 1954 mit meinem Mann und mir auf der Brigadefahrt von Berlin aus im Harz gewesen ist», sagte ich, aber die Dame guckte nur böse, schüttelte den Kopf und sagte dann, dass ihr Herrmann nie im Harz war, weil ihm die Berge nichts gewesen sind. Hühner mochte er auch nicht, das hat Gertrud geklärt. Es war mir sehr unangenehm, ich entschuldigte mich und zupfte ein bisschen Unkraut auf dem Grab, aber die Albach'sche harkte mir fast über die Finger und rief, dass ich das lassen soll. So eine unflätige Person, man wird sich doch wohl noch irren dürfen! Ich kann so was immer nur schlecht zugeben, da bin ich ganz ehrlich. Es ärgert mich, wenn ich mich falsch erinnere, ich denke dann immer, das sind Anzeichen des Alters, und das macht mir Angst. Was, wenn ich nun tüddelig werde? Aber immerhin hatte Gertrud auch unrecht. Ihr macht so was aber nichts aus, sie schlenderte, die Handtasche über dem Arm, weiter durch die Grabreihen und machte mit ihrem Gehstock Spuren in das frisch Geharkte. Ein Herz, in das sie G+G schrieb, malte sie auch. Denken Sie nur!

Herrmann Albach. Ich konnte mich ganz genau entsinnen! Er hat doch mit Bruni Stolz getanzt damals auf der Betriebsfeier. Getanzt, bis sie schwanger war. Nee, warten Se. Vielleicht hieß er auch Herbert und nicht Herrmann. Das kann sein. Herbert Albach. Nee, Pflüger. Herbert Pflüger. Da war ich mir sicher. Ich sagte Gertrud aber nichts, sie hätte sowieso wieder behauptet, dass er Vizemeister im Eierlegen gewesen ist.

Ja, wenn wir auf dem Friedhof sind, gucken wir immer gerne durch die Reihen. Man kann an so einem Grab eine Menge ablesen. Ob es gepflegt ist, wer sich kümmert, ob das eine Firma macht oder die Angehörigen selbst, ob frische Schnittblumen dastehen, ob ordentlich geharkt ist, und auch, ob der Grabstein abgewischt ist. Das mit dem Harken und Gießen schaffen viele ja noch, da will ich gar nichts sagen. Aber am Grabstein sieht man, ob das Grab richtig gepflegt ist. Das ist wie der Fensterrahmen zu Hause, den lassen die liederlichen jungen Dinger auch meist aus. Und wenn da Algen in der Gravur sitzen, dann ist das gar nicht schön. Doch mit Gallseife und einer harten Bürste kriege ich JEDEN Dreck runter, das sage ich Ihnen. Aber ich will bei dem Thema auch gar nicht zu streng sein, man muss den Kindern und Enkeln schon zugutehalten, wenn sie bei der Grabpflege überhaupt hinterher sind. Das macht doch heute kaum noch jemand. Entweder sie bestatten den Opa als Urne auf der grünen Wiese und behaupten «das hat der so gewollt, er wollte niemandem Arbeit machen und zur Last fallen», oder sie beauftragen einen Blumenladen mit dem Bepflanzen und Gießen. Die pflanzen dann einmal im Jahr ein paar Stiefmütterchen zwischen den Efeu und überlassen den Rest dem Regen. Alle paar Wochen kommt mal jemand mit einem Tankwagen und kippt Wasser drauf, und dafür stellen sie dann große Werbeschilder auf dem Grab auf. Das ist doch unwürdig. Nee, ich bleibe dabei: «Wer erbt, muss auch gießen.»

Ich gucke auch immer auf die Geburtsdaten und kontrolliere, ob Blumen dastehen. Wenn Sterbetag war oder der Geburtstag, dann gehört doch wohl ein frischer Strauß auf das Grab, und zwar sommers wie winters. Ich weiß doch, was sich gehört, und am Sterbetag und am Geburtstag kommen eben frische Blumen auf das Grab. Punkt. Es gibt so schöne Sträuße aus Tannengrün mit ein paar Hagebutten drin, die sind wunderhübsch und verfrieren nicht. Soll mir keiner damit kommen, dass sich das nicht lohnt. Alles Ausreden!

Ab und an gucken wir auch nach den Gräbern von

Prominenten. Da mache ich dann manchmal ein Foto für Kurt, der freut sich über so was. Er ist ja verrückt nach Berühmtheiten. Stefan auch, aber eher nach den lebenden. Stefan hat ein Selfie mit Til Schweiger, das er jedem zeigt. Aber ich habe ein Foto von mir vor dem Grab von Hildegard Knef, die ein Weltstar gewesen ist! Da gucken Se, nich?! Gertrud hat die Aufnahme gemacht.

Der ganze Friedhof war sehr schön, das können Sie im Hintergrund vielleicht sehen.

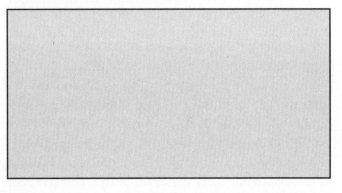

Gertrud und ich haben gleich im Internet geguckt und nachgelesen, was da stand, weil das Wehlan dort auch so kräftig gewesen ist: «Unter alten Bäumen können Sie hier den grünen Reichtum genießen.» So wie das da aussah, musste man auch zu Lebzeiten über einen gewissen Reichtum verfügt haben, um sich den Schatten überhaupt leisten zu können. Überall war der Rasen wie in einem Schlosspark in England gemäht. Mit Muster! Das war nobel, da habe ich doch einen Blick für!

Das Grab vom Hildchen hat allerdings keinen gepflegten Eindruck gemacht, das muss man ganz offen sagen. Der Grabstein ist ganz schief und grün. Und das ist ein «Ehrengrab der Stadt Berlin»? Ich bitte Sie! Schämen soll sich die Stadt! Gertrud und ich haben wenigstens den schlimmsten Algenbewuchs abgeschrubbt. Ich habe auch eine Beschwerde-I-Mehl geschickt an den Senat. Schließlich heißt «Ehrengrab», dass die Stadt alles in Ordnung hält, so haben sie es jedenfalls auf ihrer Inlein-Seite stehen. Ach, wissen Se, diese Behörden. Ich sehe das gar nicht ein, denen Briefe zu schreiben. Die kosten jetzt 70 Cent. SIEBZIG CENT! Rechnen Se mal nach, das sind bald eins fuffzich in Mark, in Ostmark drei. Für drei Mark haben wir früher in der Gaststätte Gulasch mit Klößen und Rotkohl gegessen, und jetzt wollen die das für einen einzigen Brief? Die spinnen doch. Das mache ich nicht mit. Ich schicke fast nur noch I-Mehl, das kostet nichts, und man kriegt das Einschreiben noch mit. Der Computer merkt sich nämlich, was man schickt. Diese Technik, es ist völlig verrückt! Es meckert auch, wenn man mal einen Buchstaben vergisst und bei der Adresse was falsch ist. Dann kommt gleich ein Fensterchen, und es macht «Blopp», und dann steht da «Konnte nicht gesendet werden», und der Fehler ist rot angestrichen. Das würde bei der Post drei Wochen dauern, bis es zurückkommt mit dem Hinweis «Konnte nicht zugestellt werden», und dann würde es auch noch wieder Gebühren kosten, keine Ahnung, wie viel. Hören Se mir doch auf. Man muss die mit ihren eigenen Waffen schlagen, sage ich immer. Wenn die alles modernisieren bei der Post, na, dann schlage ich noch moderner zurück. Erst entlassen se die Leute, dann müssen die wenigen, die noch arbeiten, buckeln, bis sie umfallen, und dann erhöhen sie die Preise für die Briefe? Nicht mit mir. Dann schreibe ich eben I-Mehl.

Beim ersten Mal antwortet nie jemand, da darf man gar nicht mit rechnen. Einen I-Mehl an den Senat zu schicken, das ist, wie ein Steinchen ins Meer zu werfen und zu glauben, dass das in Amerika ankommt. Vergessen Sie es. Werfen Se einfach jeden Tag ein Steinchen nach, bis sie einen Steg haben, über den Se gehen können und die Schlafmütze am anderen Ende rütteln können, bis die wach ist.

Postkarte wird auch immer teurer, jetzt schon 45 Cent. Die Weihnachtskarte noch dazu, das geht ganz schön ins Geld. Ich mache das jetzt auch anders. Ich überweise einen Cent und schreibe in den Text «Frohes Fest, einen fleißigen Weihnachtsmann und einen guten Rutsch wünscht Renate Bergmann». Man hat ja 140 Zeichen Platz jetzt, seit die das mit der IBAN eingeführt haben. Rechnen Se mal durch, was das spart! Bei 20 Karten sind das 20 Euro, das sind drei Flaschen Doppelkorn, wenn der im Angebot ist.

Aber ich wollte ja eigentlich von den Gräbern erzählen. Gertrud und ich kennen uns gut aus in Berlin und wissen, wer wo liegt. Wir haben sogar überlegt, eine kleine Stadtführung zu den Grabstätten der berühmten Leute anzubieten und die Rente ein bisschen aufzubessern, aber wir haben das jetzt erst mal hintangestellt. Die liegen ja weit verteilt, und wie soll man da hinkommen, frage ich? Der Pfitzmann und die Knef sind in Zehlendorf, Juhnke ist in Dahlem, die Dietrich in Schöneberg … und die Hahnemann und Agnes Kraus sind im Osten in Pankow und Kleinmachnow. Vom Brecht ganz zu schweigen und den ganzen Politikern. Mit dem Bus ist es zu umständlich, wie gesagt, die liegen alle verstreut und nicht an einer Buslinie. Wir hatten überlegt, Kurt zu bitten, aber so viele Leute kriegen wir in den Koyota ja nicht rein. Wenn Gertrud und ich mit dabei sind, höchstens zwei, und das rechnet sich nicht, da kommt ja nicht mal der Sprit bei raus. Man müsste schon einen Bus mieten. Der Arzt hat zu Kurt auch gesagt, er soll wegen der Augen das Autofahren lassen und stattdessen lieber Bus fahren, aber Kurt sagt, das traut er sich nicht mehr zu. So ein Bus hat ja ein viel größeres Lenkrad, und auch der Wendekreis ist weiter. Da braucht man doch viel mehr Kraft! Nee, also, was sich der Doktor dabei gedacht hat? Manchmal hat man keine Worte. Aber ich werde das mit den Friedhofstouren noch mal überlegen, wenn ich das mit dem Erbe vernünftig geregelt habe. Wäre doch gelacht, wenn wir da nicht ein Geschäft draus machen können!

**Kurt zieht die Radmuttern nach, wie es sich gehört. Genau 40 km nach dem Wechseln der Winterreifen. Auch wenn alle hupen und uns einen Vogel zeigen auf der Autobahn.**

Letzthin wollten wir zu einem Volksmusikkonzert nach Hamburg. Fragen Se nicht, es war nicht meine Idee. Seit wir uns vorletztes Weihnachten gegenseitig mit Billets zum Fest überrascht hatten und schlussendlich mit 20 Karten für sechs Personen dastanden, bin ich entschieden dagegen. Es geht immer was schief, wenn wir zum Konzert gehen, sage ich Ihnen. Einmal waren wir bei Margot und Maria Hellwig, da ist uns des Nachts auf der Heimfahrt das Reh in den Koyota gelaufen, und der Wagen brauchte danach einen neuen Kotflügel. Als wir im Jahr darauf bei Helene Fischer waren, wollte Gertrud nur kurz ihrer Fußpflegerin winken, die oben auf den Rängen saß, und dann machte das ganze Stadion «Laola» und winkte zurück. Das war mir sehr unangenehm. Und beim «Bergkristall der Volksmusik» standen wir mit 14 Billets zu viel da – Sie ahnen ja nicht, wie schwer es Anfang Januar ist, die Dinger loszuwerden! Wer hat denn da schon Geld? Die Versicherungen buchen ab und GEZ auch. Aber Ilse war nicht zu bremsen. Seit sie Interweb hat, liest sie jeden Abend nach, was es bei Toni Hirschpichler Neues gibt. Sie himmelt ihn regelrecht an, es ist schon bald mehr als eine Schwärmerei. Jedenfalls hat sie Karten für sein Konzert gekauft, für sich und Kurt und auch für mich. Ohne vorher zu fragen! Ob es an ihrer Aufregung lag, dass sie dem jodelnden Toni nun näherkommt, oder ob sie sich einfach nicht so gut mit dem Computer auskennt – ich weiß es nicht. Fakt ist jedoch, dass sie nicht für Berlin gebucht hat, sondern für Hamburg. Erst war der Schrecken groß, und Ilse wollte die Karten verfallen lassen, aber Kurt meinte, das wäre doch ein schöner Anlass, mit dem Koyota einen netten Ausflug zu machen. Ilse zuliebe sagte ich zu. Wissen Se, Kurt und das Autofahren ... man schweigt lieber und nutzt alle Kraft, die man hat, zum Beten, damit alles gut geht.

Die Augen wollen eben nicht mehr so richtig. Vor ein paar Jahren war Kurt das letzte Mal beim Augenarzt, da hatte er noch 40 % Sehfähigkeit. Seitdem geht er nicht mehr zum Messen und schimpft, dass der Arzt keine Ahnung hat. «Der hat nicht mal gedient. So einer sagt mir nicht, ob ich gucken kann oder nicht!», schimpft Kurt, wenn man ihn darauf anspricht. «Der lebt davon, dass er Leuten mit der Taschenlampe ins Auge strahlt. Von so jemandem lasse ich mir nicht das Autofahren verbieten!» Der Lazarettarzt hat ihm damals nämlich gesagt, dass er gut gucken kann, und mit dem vergilbten Zettel wedelt er heute noch als Beweis rum.

Das Attest ist 70 Jahre alt, und man kann kaum was erkennen, die Schrift ist verblasst und Altdeutsch oder Sütterlin. Fast hätte ich gesagt, Kurt hütet diesen Zettel wie seinen Augapfel, aber wenn es mal so wäre ...

Wie gut Kurt wirklich noch sieht, kann man am besten am Koyota erkennen. Der Wagen hat überall Schmarren und Schrammen – weil Kurt beim Einparken anditscht. Er hat in der Garage einen Topf mit Farbe, damit übertüncht er die Kollisionsschäden heimlich und hofft, dass Ilse es nicht sieht. Aber Ilse hat Augen wie ein Adler. Na, sagen wir, wie ein ergrauter Adler. Auf jeden Fall sieht sie besser als Kurt, aber das heißt gar nichts. Das tut ein Maulwurf auch.

Wir suchten die Straßenkarte raus, und Ilse prägte sich die Strecke genau ein. Es nützt aber nicht viel, wissen Se, Ilse kann links und rechts so schlecht auseinanderhalten, dass sie es in der Hälfte der Fälle falsch ansagt. Außerdem kann sie auch gar keine Karten lesen. Wir haben das oft genug hinter uns, kaum dass wir 20 Kilometer raus sind aus Berlin, gucken nur noch der Kopf und die zwei Hände unter der ausgefalteten Karte hervor, und Kurt muss anhalten. Es ist immer wieder dasselbe. Ilse faltet die Karte falsch zusammen, und wenn sie umblättert, ist sie auf einmal in Südfrankreich, und dann ist alles aus. Manchmal dreht sie die Karte auch auf den Kopf und ruft: «An der nächsten links, Kurt, und dann müsste es schon ausgeschildert sein.» Kurt fährt dann rechts, weil Ilse das wahrscheinlich meint, und einmal waren wir danach in einer Schafherde gefangen auf dem Deich. Das hatte aber auch sein Gutes, ich konnte die hintere Tür kurz aufmachen und eins zu uns in den Koyota locken, das haben wir dann mit nach Berlin genommen. Dieser Lammbraten war ganz besonders zart, und man schmeckte die frische Seeluft raus! Kaum dass wir wieder zu Hause waren, läutete Kirsten aus dem Sauerland an und fragte, wo wir blieben. Ich murmelte etwas von Stau in Berlin und dass wir gar nicht losgefahren sind, sie hätte sonst nur verboten, dass ich überhaupt weiter einsteige bei Kurt.

Es wäre alles viel einfacher, wenn Kurt auf den Nawi hören würde. Der Koyota hat so was eingebaut! Da spricht ein Mann aus dem Handschuhfach und sagt «demnächst im Kreisverkehr die zweite Ausfahrt nehmen» und solche Dinge. Früher war es eine Frau, aber da hat Kurt gleich gesagt, er lässt sich von einer Frau, die nicht Ilse heißt, nicht sagen, wo es langgeht, die hätten doch alle keine Ahnung vom Autofahren. Er ist eben ein alter Herr, das darf man ihm nicht übelnehmen. Das Autohaus hat den Nawi dann auf eine Männerstimme umgebaut, aber das ist ihm auch nicht recht. Kurt sagt: «Nawi ist, wenn man trotzdem ankommt.» Er orientiert sich an der Sonne. Das hilft einem aber nicht viel, wenn man um halb fünf morgens losgefahren ist. Ich guckte ab und an auf dem Scheibchentelefon nach, das hat nämlich auch einen Nawi, aber ich sagte nichts. Kurt fuhr nämlich wunderbar, sicher und gemächlich und ganz richtig. Alle paar Kilometer stand auf der Autobahn ein Schild, auf dem «Hamburg» geschrieben stand. Die Kilometerangaben wurden im Laufe der Zeit immer weniger, was ein gutes Zeichen war.

Wir kamen zügig voran. Raserei bringt ja nichts, Rücksicht und sicheres Fahren sind sehr wichtig. Und wenn jeder 80 fährt, gibt es auch weniger Unfälle und alle kommen gemütlich an. Wir machten alsbald Rast, als wir aus Berlin raus waren – wissen Se, wir nehmen schließlich Medikamente ein. Manche vor dem Essen, manche zum Essen. Auf jeden Fall aber auch Wassertabletten, und da fordert die Natur dann ihr Recht. Diese Toilettenbüdchen auf den Autobahnen sind eine Zumutung. Man kann das wirklich nicht mit Worten beschreiben. Ich sage immer: «Wenn man wissen will, wie die Menschen wirklich sind, dann gucken Se sich an, wie sie die Toilette hinterlassen.» Offenbar leben wir unter Wilden. Wir haben vor zwei Jahren mal einen Nothalt einlegen müssen, weil es gar nicht anders ging. Ilse war schon ganz schlecht, so nötig musste sie pullern. Sie ist dann in so eine blaue Telefonzelle und kam kaum zwei Minuten später, den Rock noch halb offen, wieder raus. Nee, man muss schon gucken, dass man einen richtigen Rasthof mit Spültoilette findet.

Aber was die für Geld nehmen! Sie ahnen es nicht! 70 Cent musste ich in einen Schlitz stecken. 70 CENT! Das ist bald 'ne Mark fuffzich. Nur für einmal austreten. Da wäscht man sich dann aber gründlich die Hände mit viel Warmwasser und fein duftender Flüssigseife, bezahlt ist schließlich bezahlt. Außerdem nehme ich dann auch gern ein bisschen Schutzpapier für die Brille mit, das habe ich immer gern einstecken.

Auf der Quittung fürs Austreten stand, dass man von den 70 Cent 50 Cent wiederkriegt, wenn man in bestimmten Läden einkauft. Das sind die, wo die Flasche Sprudel zwei Euro kostet. Die gleiche Sorte, die man beim LIDL für 19 Cent kriegt. Ach, die nehmen es doch von den Lebenden. Frechheit.

Ilse und ich warteten in der Raststätte auf Kurt, der auch austreten war und bei dem es etwas länger dauerte. Sorgen machten wir uns nicht – hier konnte er nicht weg, weil man hinzu nämlich durch eine Drehkreuzschranke muss, und nur durch die konnte er auch wieder zurück. Er hatte keine Schangse auszubüchsen. Wie gern rennt er sonst fremden Leuten nach, weil er sie für Prominente hält ... erst letzthin wieder. Da sollte er vor dem Geschäft warten, in dem Ilse eine neue Regenhaube probieren wollte, und zack, war er weg. Er ist einer Frau nachgelaufen, die angeblich vor 40 Jahren im Fernsehen mal beim Millowitsch-Theater die Magd gespielt hat. Sie wollte ihm kein Autogramm geben, hat ihm aber schöne Augen gemacht. Ein Eis essen waren sie! Da war bei Gläsers aber Ruß im Gebälk hinterher, sage ich Ihnen! Kurt kriegte die Gästeschlafdecke und musste in der guten Stube auf der Couch schlafen an dem Abend, und zwar ungeheizt! Dem Kurt war das egal. Er sagte, er hat schließlich schon im Schützengraben geschlafen mit offenen Augen, weil der Russe so geballert hat. Aber im Grunde war er am nächsten Morgen wie gerädert. Ich kenne Gläsers Couch, die ist noch von Ilses Mutter, noch von vorm Krieg, und wird nur alle 10 Jahre neu bezogen. Die ist mit Eselswolle gepolstert – jedenfalls riecht es so –, und wenn man nicht aufpasst, piksen einen die Stahlfedern am Hintern. Ich habe mir einen schönen Rock aufgerissen an Ilses 78., nee, das war so ärgerlich.

Während wir auf Kurt warteten, beobachteten wir

einen jungen Mann, der am Tresen ein belegtes Brötchen kaufen wollte. Es war ein bisschen größer als ein normales Brötchen, und die Verkäuferin belehrte ihn, dass es ein «Panini» sei. Er nickte und reichte ihr einen 5-Euro-Schein über den Tresen. Und wissen Se, was sie ihm zurückgab? Sie werden es nicht glauben. Einen Cent. EINEN EINZELNEN CENT. Die hatte ihm ein belegtes Brötchen für 4,99 Euro angedreht? Ich rang kurz nach Worten, aber dann sprang ich ihm bei: «Junger Mann, gucken Se mal, hier haben Se noch einen kleinen Rabatt», sagte ich und reichte ihm meinen Bon vom Pullern. Ilse gab ihren auch, und so bekam er wenigstens noch einen Euro Rabatt. Man hätte die Bons auch in einem anderen Geschäft für Haushaltswaren einlösen können, aber ganz ehrlich – wie oft gehen wir denn schon an der Autobahn austreten? Bis man da eine Bratpfanne zusammenhat, vergehen Jahre. Die spinnen doch heute mit ihren Coupons und Gutscheinen. Vom Bier spenden sie was für den Regenwald, und die Papierwindeln geben Geld für Impfungen in Afrika. Saufen für den Regenwald und nun Pullern für Medizin oder für Bratpfannen. Es ist eine merkwürdige Zeit. Den Leuten, die sich so einen Quatsch ausdenken, geht es einfach zu gut, sage ich Ihnen. Nee, das war schon richtig so, ich gab meine Quittung gleich weiter. Der junge Mann freute sich, dass er einen Euro gespart hatte. Die Verkäuferin guckte grimmig, aber bevor ich mit ihr hätte eine Diskussion anfangen können, kam Kurt endlich, und wir gingen raus zum Koyota, um zu frühstücken.

Für uns kam es nicht in Frage, an der Raststätte was zu essen zu kaufen. So weit kommt es noch. Ilse und ich hatten beide einen Korb mit Verpflegung mit, wie es sich gehört. Wir haben darin schon Übung und sind eingespielt. Eine macht den Korb für die Hinfahrt, eine für die Rückfahrt. Ich hatte Eier gekocht und auch schon gepellt. Dazu gab es gebratene Buletten und belegte Brote mit Käse, Salami und Leberwurst. Saure Gurken hatte ich auch mit, dazu ein paar Apfelspalten, Tomaten und grüne Gurken. Ilse und ich wissen doch, was schmeckt. Eine Hausfrau hat so was im Gefühl. Nur in zwei Dingen unterscheiden sich unsere Verpflegungskörbe immer: Ich schäle die grünen Gurken, Ilse nicht. Sie sagt, die Schale ist gut für die Verdauung. Mir schmeckt sie nicht, deshalb mache ich sie ab. Und ich vergesse immer, den Mostrich einzustecken für die Buletten. Aber Gott sei Dank hat Ilse immer reichlich, sodass wir damit trotzdem hinreichen. Natürlich gibt es auch eine große Thermoskanne mit schönem kräftigen Bohnenkaffee, Frau Doktors Gemecker hin oder her.

Wie wir da so saßen auf dem Rastplatz in der Sonne mit unserem Verpflegungskorb, wissen Se, da kamen wir ins Schwatzen und vergaßen völlig die Zeit. Ehe wir es uns versahen, war es halb sechs. Selbst wenn Kurt jetzt Vollgas gegeben und den Koyota auf 90 hochgescheucht hätte, wären wir nicht mehr pünktlich gekommen. Wir sind dann umgekehrt nach Berlin, und Ilse war eine Woche lang traurig, dass sie Toni Hirschpichler verpasst hat.

Als die beiden mich zu Hause ablieferten und ich mit meinem Korb mit den Stullen und den Buletten an der Berber vorbeikam, grinste die ganz frech. «Wieder reichlich Beute gemacht auf der Streuselkuchenfete?»

Ungezogen, dieses Weib! Einfach ungezogen.

**Morgen ist ein besonderer Tag. Bei uns wird Restmüll abgeholt und die Papiertonne auch noch! Denken Se sich das nur!**

Jetzt machen se ja sogar schon auf dem Friedhof Mülltrennung. Hat man Worte? Ich dachte, ich gucke nicht richtig. Ich hatte mich schon gewundert, als der Gärtner anfing, den Rasen abzustechen. «Nanu», dachte ich, «was wird denn da gebaut?» Die bauen ja ständig, und kaum ist was fertig, reißen se es wieder weg und bauen was Neues. Unser REWE stand kaum 20 Jahre, da wurde er abgerissen und neu aufgebaut. Das dauerte ein halbes Jahr, und der neue Markt sah danach genauso aus wie der alte, sogar die Obsttheke war an der gleichen Stelle. Wie bei Ilse, wenn sie zum Friseur geht. Das dauert vier Stunden, und danach hat sie weiße Schäfchenlöckchen und sieht aus wie vorher, nur dass es nach Friseur riecht. So war es beim REWE auch, nur roch es nicht mehr so moderig. Also im REWE, nicht bei Ilse. Verstehen Se mich da nicht falsch.

Jedenfalls war der Gärtner am Schippen und Harken, es dauerte tagelang. Ich habe es genau beobachtet und bin sogar ein bisschen länger auf dem Friedhof geblieben, als nötig gewesen wäre. Ich habe die Gräber von ein paar Bekannten mitgegossen. So was mache ich ab und an, wissen Se, der da oben sieht ja alles. Vielleicht wäscht das die eine oder andere kleine Sünde rein. Ich habe ihn, also den Herrn Gärtner, sogar gefragt, was er da macht, aber man kriegt als alter Mensch ja nur dumme Antworten. Diese patzigen jungen Rüpel! Noch nicht mal 60, aber mir mit einem «Oma, du kannst zwar alles essen, aber du musst nicht alles wissen! Und nun hopp, weg da, sonst fällst du mir noch auf die Schaufel!» kommen.

Vor seiner unverschämten Antwort hatte ich sogar kurz erwogen, ihn mit der Schlode zu verkuppeln, aber das hatte gar keinen Sinn. Vom Alter her hätte es gepasst, der Friedhofsgärtner war knapp 60, die Schlode um die 50, das kam hin. Aber erstens wollte ich für sie einen, der sie vom Friedhof weglotst, nicht noch hinlockt. Und zweitens brauchte die Schlode einen kultivierten Herren, der auch mal mit ihr in ein Konzert geht, und keinen, der unverschämt rumpöbelt und Erde im Gesicht hat. Wenn man so was auf dem Sofa sitzen hat, na, dann will man auch nicht zu Hause bleiben. Dann würde die sich auch weiter die Kinder schnappen zum Geburtstagssingen und die ollen Rochen vom Männerchor für die Beerdigungen. Nee, nee. Das musste ich anders anstellen!

Aber ich wollte ja eigentlich vom Mülltrennen erzählen. Denken Se sich nur, keine zwei Tage später war es dann so weit. Sie stellten überall bunte Tonnen auf für Papier, für Altglas, für Grünen Punkt und für Restmüll. Auf dem Friedhof! Und einen großen Gitterkasten für Blumenschnitt und Kompost. Herrje, wissen Se, ich mache mir doch immer so Sorgen, ob die nicht mal den Müll kontrollieren und dass auch ja alles sauber ausgewaschen ist. Das muss man! Ich spüle alles und gebe keinen dreckigen Müll in die Tonne. Da lasse ich nichts auf mich kommen! Und bevor die hier auf dem Friedhof anfangen zu kontrollieren … nee, so weit kommt es noch. Ich habe dann die Plasteübertöpfe mit nach Hause genommen zum Auswaschen und dann zum Friedhof zurückgetragen. So konnte mir keiner was: die auf dem Friedhof nicht, dass mein Abfall dreckig war, und die Damen hier in der Hausgemeinschaft auch nicht. Das wäre doch Wasser auf deren Mühlen gewesen, wenn ich Müll vom Friedhof zu Hause entsorgt hätte. Aber eins muss ich zugeben: Seit die einen Extra-Container für Glasflaschen haben auf dem Friedhof, seitdem nehme ich ab und an ein paar Kornflaschen mit und werfe sie dort ein. Unser Glascontainer steht nämlich gerade rüber von Hulda Faulbier. Die ist Witwe, denn der Gatte, den sie hatte … huch, nee, jetzt bin ich in das schöne Gedicht vom Heinz Erhardt gerutscht, hihi. Also, der Werner Faulbier, der ist mit nicht mal 65 hinter seiner Scheune einfach umgefallen und war mausetot, bums. Ich glaube, er ist nur gestorben, um von Hulda wegzukommen. Sie ist nämlich eine ganz schreckliche Person. Sie hat im Grunde rein gar nichts zu tun und steht den ganzen Tag hinter der Fensterscheibe. Und die zählt auch mit, wenn man in den Glascontainer Flaschen einwirft. Ich hatte nach Weihnachten, als Kirsten zu Besuch war, ein paar leere Kornflaschen mehr. Das müssen Se verstehen, erst mal waren Feiertage, da trinkt man zur Verdauung, und dazu Kirsten … also, nach zwei Wochen kam da schon ein Korb zusammen. Nicht nur Kornflaschen, auch Gurkengläser und Kirstens Fläschchen von der Holundermolke und den Gläschen mit glücklichem Spinat und dem ganzen gesunden Kram. Ich stellte also meine kleine Fußbank an den Glascontainer – der Einwurf ist sehr weit oben, das haben die nicht gut gemacht, ich habe mich schon mehrfach beschwert! –, da reißt die olle Faulbier das Fenster auf und brüllt, sodass alle es hören können: «Na, Renate, musst du Platz schaffen für die nächste Stiege Korn?»

So eine unverschämte Hexe. Ich habe kein Wort gesagt. Seitdem nehme ich die leeren Flaschen immer mit zum Friedhof und werfe sie dort ein. Da ist auch das Loch nicht so weit oben, und man wird nicht noch unverschämt beschimpft, es sind ja alle tot.

**Wir hatten kein schulfrei, wenn der Lehrer krank war. Dann haben wir seiner Frau beim Wäschelegen geholfen. Geschadet hat es uns nicht.**

Jetzt will ich keine großen Abschweifungen machen, aber ich will Sie doch auf eine kleine andere Reise mitnehmen. Wenn man liest «Wer erbt, muss auch gießen», dann denkt man an erben, sterben und Friedhöfe. So ist es ja auch gemeint, und davon habe ich Ihnen ja auch Geschichten erzählt. Aber es heißt auch noch was anderes.

Können Sie sich noch an Ihren Deutschlehrer erinnern? Meiner hieß Herr Schleicher, und das, obwohl er ein ganz Flotter war. Er war ein älterer Herr, der auch Klavier spielte und leidenschaftlich dazu sang. Laut und schief, aber mit Freude und Inbrunst. Über ihn lachte niemand. Er war nämlich ein Herr, kein Mann. Wenn der sich vorn hinstellte, war es mucksmäuschenstill.

Wenn Herr Schleicher uns die Präpositionen mit dem Genitiv lernen ließ, dann meinte er es ernst. Das wusste auch jeder, und keiner getraute sich, die am nächsten Morgen nicht auswendig aufsagen zu können. Heute wissen die Bälger ja schon nicht mal mehr, was Präpositionen sind. Der Jens-Jemie Berber zum Beispiel, der Bengel, der mit im Haus wohnt, der hat mich angeguckt wie eine Kellerlampe, als ich ihn danach gefragt habe. Das können se ja, die Kinder von heute! Wenn sie nichts wissen, drucksen sie rum und mogeln sich durch. Nee, ich sage Ihnen ... Bei mir sitzen die Präpositionen immer noch; ich habe kein Abitur und bin keine Studierte, aber dass es nach unweit, mittels, kraft und während, laut, vermöge, ungeachtet, diesseits, jenseits, wegen, statt, anstatt, um willen, längs, zufolge und trotz immer den Genitiv verlangt, das weiß ich genau. Da können Se mich nachts um zwei aus dem Bett klingeln, und ich kann das aufsagen. Der kleine Berber sagt «Wes-Fall» und «Verhältniswörter» und kann nur vier oder fünf, und das auch nur mit Stammeln und Augenverdrehen. Da bekommt man ja Angst; wo soll denn das hinführen? Und dann klopfen sie nur komische Buchstaben in ihr Händi, weil sie zu faul sind, es ordentlich zu schreiben. Letzthin fahre ich mit dem 109er-Bus, da nimmt einer von den jungen Rüpeln, lassen Se ihn 15 gewesen sein, sein Glasscheibchentelefon und spricht rein «Isch bin jetzt Bus» und legt wieder auf. Ich bitte Sie. Das ist gar kein richtiger Satz! Ich bin auch keine Gelehrte und mache mal einen Fehler, ich schreibe hier «wissen Se» statt «wissen Sie», weil es so aus dem Leben ist. Was soll ich dem Jens-Jemie da antworten, wenn er fragt «wozu muss ich die Wes-Wörter lernen»? Für «Isch bin jetzt Bus» ja wohl nicht!

Ach, wenn das Kanter Schleicher noch miterleben würde. Er würde den gleich Maß nehmen und ihm was erzählen!

Jetzt hab ich mich aber verschwatzt … ich wollte doch auf was ganz anderes hinaus … wo war ich nur? Herrje, ich werde immer wunderlicher. Jetzt weiß ich wieder. Ich wollte vom Deutschlehrer schwärmen.

Kanter Schleicher hat immer gefragt: «Was will uns der Dichter damit sagen?»

Bei «Wer erbt, muss auch gießen» hätte er hören wollen, ob nicht auch Pflicht und Verantwortung dahinterstecken. Erben ist wie ernten. Man muss erst säen und pflegen, bevor man etwas bekommt.

Wissen Se, Kanter Schleicher hätte gefragt, ob mit «gießen» nur das auf dem Friedhof gemeint sein kann. Ich glaube nicht. Ich glaube, man kann auch zu Lebzeiten gießen – nicht das Grab, aber das Pflänzchen der Freundschaft und der Zuneigung. Man kann sich um einen Menschen kümmern und sich Zeit für ihn nehmen. Ich sage immer: «Wie man in den Wald hineinruft, so schallt es auch wieder heraus.» Wenn man freundlich und unvoreingenommen auf einen Menschen zugeht, dann bekommt man auch viel zurück. Ein Lächeln, ein freundliches Wort oder auch Hilfe beim Einsteigen in den Bus. Man erntet, was man sät, nicht wahr? Und was man gesät hat, muss man auch gießen. Dann kann man auch ernten.

Wissen Se, je länger ich grübele, wer meine Puseratzen mal bekommen soll, desto genauer weiß ich, dass ich das nicht so genau bestimmen kann, was damit dereinst passiert, wenn ich mal nicht mehr bin. Die werden doch machen, was sie wollen: Kirsten wird ihr Katzenschwimmbad bauen, und die kleine Lisbeth wird wahrscheinlich einen tätowierten Rocker mit Ohrlöchern, durch die ein Delfin springen kann, heiraten, kaum dass sie 18 ist, und mit ihm das Geld durchbringen.

Ich will noch miterleben, was geschieht, auch wenn se doch machen, was se wollen. Ich bin gerne bei allem dabei. So ist es doch im ganzen Leben: Der eine will dies, der andere will das, man streitet, und zum Schluss verträgt man sich wieder – weil man sich nämlich mag.

**Wenn Sie sich die Zukunft ausmalen, sparen Sie nie mit Farbe. Grau wird es von ganz allein, glauben Se mir. Gucken Se nur meine Haare an.**

Jetzt gucken Se mal das Büchlein an: Viele Seiten sind es nicht mehr. Aber bevor mir das Fräulein vom Verlag den Stapel unter den Fingern wegzieht, möchte ich Ihnen noch was mit auf den Weg geben, weil es wichtig ist.

Ich habe Ihnen viel über das Sterben und das Erben erzählt, und es ist bestimmt auch wichtig, dass man das regelt. Aber noch schöner ist es doch, wenn man teilt, was man zu geben hat. Und da meine ich nicht nur Geld, sondern auch Erfahrungen, Erinnerungen, Erlerntes und Erlebtes.

Sammeltassen hin und Standuhr her, es gibt ja noch andere Dinge, die viel wichtiger sind. Und ich meine nicht meinen neuen Smufieapparat, sondern Anstand und Werte und Putzanleitungen. Oder die geheimen Rezepte von Tante Meta. Wer interessiert sich denn heute noch dafür? Es ist ein Jammer. Als ich ein Backfisch war, da habe ich aber auf wirklich jeder Feier neugierig gekostet und versucht rauszuschmecken, wenn es etwas Besonderes wie Tante Metas berühmten Zupfkuchen gegeben hat. Alle zehn Finger haben sich die Gäste nach dem geleckt, und jeder wollte wissen, was das Geheimnis ist, aber Tante Meta hat immer gesagt: «Nüscht da, das ist mein Rezept, das verrate ich nicht.» Damals galt man als Hausfrau ja noch was. Heute gilt man ja schon als altmodisch, wenn man kochen kann und die gute Hausmannskost auf den Tisch bringt. Aber davon lasse ich mich nicht beirren, bei mir kocht immer noch Renate Bergmann und nicht Doktor Oetker. Erst lachen se über mein «Alte-Tante-Essen», aber wenn ich dann die frischen, dampfenden Salzkartoffeln und die knusprigen Schnitzel hinstelle, was meinen Se, wie die da zulangen! Hinterher hat bisher jeder geschwärmt, sogar Kirsten. Ja, ich habe lange kämpfen müssen, bis mir Tante Meta ihre Rezepte verriet. Als sie 75 wurde, war es endlich so weit. Ich habe sie dann besucht, und wir haben uns zwei Nachmittage lang zurückgezogen. Tante Meta machte daraus ein Zinnober, Sie machen sich kein Bild. Sie zog die Vorhänge zu und schloss die Tür von innen zweimal ab, so wie ich es sonst nur tue, wenn ich mit Gertrud «Aktendeckel XY – Der Eislauf-Rudi ermittelt» gucke oder anderes gruseliges Zeug. Ich habe sie danach nur noch Tante Mata genannt, wegen Mata Hari. Sie tat, als wäre es ein Staatsgeheimnis, dass

Grieß statt Mehl in den Zupfkuchen kommt und noch ein guter Stich Butter zusätzlich zum fetten Quark.

Aber so war das früher, damals waren solche kleinen Kniffe noch was wert. Heute kriegen Se jede Woche 20 Kochzeitschriften und ganz neue Backmischungen. Die mögen alle gelingen und auch schmecken – an ein richtiges Oma-Rezept reichen die alle nicht ran.

Heute kochen ja auch viele Männer, aber mehr als Hobby. Wir Frauen mussten immer kochen, damit die Familie satt wird, und nicht, weil wir Spaß daran hatten. Für Männer ist das ja auch spielen. Die haben tausend Werkzeuge und Geräte, eine elektrische Maschine zum Käsereiben und so einen Tinnef, und für alles einen extra Löffel, na, da haben se ordentlich was zu spülen hinterher! Aber ach, eine Gespülwaschmaschine haben die heutzutage ja auch. Eine sparsame Hausfrau nimmt den Löffel trotzdem mehrfach. Wenn ich fertig bin mit Kochen, ist die Küche wie geleckt und sieht nicht aus wie Dresden nach 45. Männer müssen auch immer genau wissen, wie viel Gramm von etwas wo reinmuss, und wiegen es genau ab. Himmel! Kein Gefühl! Da sind se beim Kochen wie im Bett. Als Frau muss man ein bisschen Augenmaß haben und gucken, wie groß die Eier sind. Eine richtige Hausfrau hat das im Gefühl.

Letzthin rief Ariane mich an und fragte mich, wie mein Käsekuchen immer so schön gelingt. Was habe ich mich gefreut! Mein altes Herz hüpfte vor Glück. Ich habe ihr dann alles fernmündlich durchgegeben und auch gesagt: «Und ein bisschen Zitrone machst du noch mit rein, Kind.» Ich ahnte ja nicht, dass sie auf die Idee kommen könnte, die Zitrone zu würfeln und mit Schale in den Kuchenteig zu werfen. Nee, die jungen Dinger ... Ja, ich hätte «ein paar Spritzer Zitronensaft» sagen müssen, aber ich bitte Sie. Wer kann denn schon vermuten, dass man bei den Grundlagen anfangen muss? Aber ich werde nicht müde und bleibe geduldig dran. Ich habe auch alles aufgeschrieben in eine Kladde. Und wenn sie sie dann abwandeln und was weglassen oder hinzugeben – bitte schön. Ein kluger Mann hat mal gesagt: «Tradition heißt das Weiterreichen des Feuers, nicht der Asche.» Wenn sie wollen, sollen sie eben modernisieren und die Hälfte Butter streichen wegen der schlanken Linie, sollen se. Ich habe auch ein bisschen modernisiert und nie genau das reingetan, was in Oma Strelemanns Rezepten stand. Da standen Sachen wie «man nehme 7 Eierschalen voll Milch und gebe sie zu 1 3/4 Tassen von feinem Mehl». Das Geplemper war nichts für mich, ich habe es ausgemessen und aufgeschrieben, wie viel Millimeter es sind. Liter. Also, wie viel Striche im Maßbecher, Sie wissen schon. Man muss von den Alten lernen, aber man muss nicht alles richtig finden oder wiederholen, was sie gemacht haben. Traditionen leben ja auch. Sonst sind es Regeln. Und Regeln sind doof. Hihi. Und eins sage ich Ihnen: Gewürfelte Zitronenschale im Käsekuchen schmeckte gar nicht mal schlecht.

**Kurt sagt immer: «Bei großen Problemen hilft der Fachmann, bei kleinen reicht ein Flachmann.»**

Wissen Se, worüber ich letzthin lange grübeln musste? Viele Leute wollen gar nicht mehr erben. Sicher, es gibt auch die mit einem Gemüt wie ein Fleischerhund, die nur drauf warten, dass der Opa nicht mehr ist. Die räumen die Wohnung leer, machen die Sachen zu Geld, verjubeln es – und dann ist der Opa vergessen. Aber die meisten, die ich kenne, legen das Geld auf die hohe Kante und rühren es nicht an, weil es vom Opa ist. Das ist doch genauso ein Blödsinn.

So will ich das nicht.

Ich habe lange hin und her überlegt, was nun mit dem Geld werden soll. Mitnehmen kann man nichts, und wenn ich mal den teuersten Sarg auf dem Friedhof habe, hat auch keiner was davon. Außer der Bestatter Rachmeier, und der hat schon genug an mir verdient. Das letzte Hemd hat keine Taschen, sagt man immer, und soweit ich weiß, nicht mal einen Reißverschluss. Es ist auch ganz dünn, und wenn man im Winter geht, friert man bestimmt. Das kommt nicht in Frage für mich. Die Heizdecke darf ja nicht mit rein in die Kiste, aber ich will die warme angeraute Unterwäsche angezogen bekommen, die ich letztes Weihnachten in London kaufen musste. Die für 100 Pfund, wo ich doch gute 120 Pfund wiege. Sie passt trotzdem. Und ich will in dem Kostüm beerdigt werden, das ich bei meiner Hochzeit mit Walter anhatte. Es ist blau, kein Koboldblau, sondern ein hübsches, dezentes Taubenblau, das meine Augen leuchten lässt und mein weißes Haar so schön zur Geltung bringt. So hat Walter es damals jedenfalls gesagt, und das hat mir sehr geschmeichelt. Das Kleid ist noch gut, ich habe es nur ein Mal getragen, und seitdem hängt es in der Schlafstube im Schrank. Ich habe Mottenkugeln in die Taschen getan – man weiß ja nie. Eigentlich bin ich eine ordentliche Hausfrau, die kein Ungeziefer hat, aber seit die Berber, das schluderige Ding, mit im Haus wohnt, muss man mit allem rechnen. Die putzt doch nicht richtig! Immer, wenn bei der mal der Staubsauger läuft, weiß ich Bescheid: Entweder kommt die Mutti zu Besuch, oder einer ihrer Kavaliere soll übernachten. Nee, die Kirsten, der Stefan und die Ariane sollen kein großes Gedöns machen wegen mir. Gertrud, Ilse und Kurt sind auch eingeweiht, aber … wir wissen ja nicht, ob … also wann … und wer zuerst. Herrje. Sie wissen schon. Es ist jedenfalls alles verfügt und geregelt bis hin zur Musik. Und die Schlode und alle ihre Chöre haben Singeverbot!

Aber vorerst will ich hier noch eine schöne Zeit haben mit meinen Lieben. Es sind ja gar nicht immer die großen Urlaubsreisen, die einen glücklich machen, sondern die kleinen Erlebnisse im Alltag.

Wissen Se, wenn man als Familie in den Zoo geht, dann legt man ganz schnell 50 Euro auf den Tisch, und zwar trotz Rentnerausweis und Kinderermäßigung. Damit verdummen sie die Leute nämlich auch – das holen die sich beim Kaffee und beim Eis doch alles wieder rein, mir muss doch keiner was erzählen. Ich darf ja nicht oft Eis, der Zucker, wissen Se. Aber wenn die Sonne im Frühling zum ersten Mal rauskommt, dann sündige ich schon mal. Wie oft werde ich denn wohl die Mandelbäume noch blühen sehen? Und da soll ich es nicht genießen? Ich bitte Sie, soll die Doktorsche doch meckern. Ich höre da gar nicht hin. Wozu hab ich schließlich zwei Ohren? Aber was wollte ich … ach ja. Das Eis. Ich gehe also zu dem Eisverkäufer, der da im Zoo steht, und sage: «Junger Mann, geben Se mir doch bitte zwei Kugeln, eine Vanille und eine Schokolade.» Das schleckere ich am liebsten. Da sagt er zu mir: «Zwei Euro achtzig.» Ich dachte, ich höre nicht richtig. ZWEI EURO ACHTZIG. Ich konnte das so schnell gar nicht in Mark umrechnen, so erschrocken war ich. Aber geschmeckt hat es!

Solche Dinge meine ich: mit Stefan und seiner kleinen Familie in den Zoo gehen, der kleinen Lisbeth einen Brummkreisel kaufen, mit Gertrud eine Busreise machen und sagen: «Lass nur, Gertrud, ich mach das schon.» Und auch mal denen was geben, die es nötig brauchen. Ich habe auch dem kleinen Jemie-Dieter Berber was dazugegeben, als er auf Klassenfahrt ging. Der Junge kann ja nichts dafür, dass die Mutter ein loses Ding ist, und dafür, dass der Vater nicht zahlt, na, da soll das Kind nun wirklich nicht drunter leiden. Nur Drogen kaufen und Bilder auf die Haut stechen lassen soll er sich nicht, darauf habe ich sein Wort! Wie die

Sträflinge laufen se alle rum, ich bitte Sie. So was unterstütze ich doch nicht noch.

**Das Leben ist was, wo man durchmuss. Deshalb ist es wichtig, dass man es sich dabei ein bisschen nett macht.**

«Alles verjubelt, nichts verschenkt, das ist das beste Testament», hat Gertrud neulich zu mir gesagt. Ich bin so eine, die sich das anhört und auch nicht gleich sagt «Das ist Quatsch». Aber ich denke, das ist Quatsch. Verjubeln ist nicht meine Sache.

Es macht mir Freude, Gutes im Kleinen zu tun. Ja, ich kümmere mich um die Menschen, die ich schon kenne und von denen ich weiß, dass ich auf die zählen kann. Bei Fremden bin ich misstrauisch. Ich habe schließlich fast 35 Jahre lang jeden Monat «Nepper, Schlepper, Bauernfänger» geguckt.

Ich werde jetzt Folgendes machen: Ariane und Stefan kriegen was zum neuen Auto dazu. Die fahren einen klapprigen kleinen Wagen, der mehr Dellen hat als der Koyoto von Kurt. Nee, wissen Se, das kann ich nicht mit ansehen und auch nicht verantworten. Die jungen Leute verunglücken noch mal auf der Autobahn mit dem klapprigen Gefährt, während das Geld bei mir auf der Bank verschimmelt und es nicht mal mehr Zinsen gibt! Nee, das machen wir so. Es ist auch nicht ganz uneigennützig, das muss ich schon sagen. Wenn Tante Renate das Auto bezahlt hat, fahren sie sie auch ab und zu. Hihi. Man weiß ja nie, wie lange das mit Kurt noch gut geht. Irgendwann kommt der Tag, an dem er nicht mehr wird fahren können. Und einen Trabbi, mit dem ich zurechtkomme, finden se in ganz Spandau nicht mehr, und dann ist Abgas und Tüff, das ist mir alles nichts. Gertrud werde ich wohl nächsten Winter auf eine schöne Kreuzfahrt einladen. Verraten Sie ihr bitte nichts. Wir waren schon oft im Urlaub, aber bisher nur mit dem Bus und einmal auf einem Fluss. Das war sehr hübsch, aber wir haben beide immer davon geträumt, ins Warme zu fahren, wenn hier der Schnee geschippt werden muss. Und zwar nicht nur in die Salztherme, wo wir neulich im Sprudelzuber saßen. Nee, wir wollten immer mal auf das «Traumschiff» und es uns unter Palmen gutgehen lassen, mit Eistorte und Feuerwerk und allem Pipapo. Das ist mir die Sache jetzt wert, das gönnen wir uns! Und zwar jetzt bald, das duldet keinen Aufschub. Wir sind 82, wie lange soll man denn noch damit warten, sich seine Träume zu erfüllen, frage ich Sie? Gunter müsste dann natürlich Norbert nehmen.

Kurt und Ilse kriegen später nur Kleinigkeiten, ein Andenken an mich. Kurt kriegt den Händi mit dem Glasscheibchen und Ilse den Klappcomputer, ich habe mit Stefan gesprochen, das geht in Ordnung. Die Pflaster sind dran an den Geräten, und im Testament steht es auch. Man muss abwarten, ob man an das Thema noch mal ranmuss, vielleicht geht einer von beiden ja vor mir ... Es ist nur etwas Symbolisches, ich muss Gläsers nicht versorgen. Die haben alleine genug. Ich achte zu Lebzeiten schon darauf, dass ich nichts schuldig bleibe. Eine Renate Bergmann lässt sich nicht lumpen, sucht eine günstige Tankstelle raus und zahlt die Füllung nach einer großen Fahrt auch mal, aber für größere Anschaffungen kommt sie nicht auf. Dann würde Kirsten auch wieder anfangen ...

Kirsten ... herrje. Was soll ich bloß mit der machen? Da muss ich wohl noch eine Nacht drüber schlafen.

Sehen Se, vorgestern habe ich sogar geträumt von ihr. Ich war zur Eröffnung vom Kätzchen-Badeparadies eingeladen, und Kirsten enthüllte am Eingang eine Ehrentafel, auf der «Renate Bergmann Gesundheitscenter für Kleintiere» stand, und dazu sang Frau Schlode mit dem Kindergarten «Heute soll es regnen, stürmen oder schneien». Kirsten machte Wassergymnastik mit Möpsen, und zwar zusammen mit Fräulein Tanja aus meiner Aqua-Gruppe. Sie turnten beide am Beckenrand vor und riefen laut «und eins und zwei und drei» und brachten die Viecher zum Strampeln. Ich wusste gar nicht, dass Hunde zählen können. Norbert kann es jedenfalls nicht. Wenn man dem sagt, noch ein Leckerli, winselt der auch nach dem fünften noch. Ich wurde wach, als die Berber mich ins Wasser stieß. Ich war fix und fertig und saß schweißgebadet im Bett. Was hatte die da überhaupt zu suchen gehabt? Ein Haustier hat sie jedenfalls nicht. Da wusste ich: Nee, das kommt nicht in Frage. Soll Kirsten machen, was sie will, mit dem Geld, aber bitte erst, wenn ich mal nicht mehr bin.

**Die Berber hat zur Meiser gesagt, sie kauft jetzt Raumspray «Roulade», damit «die Alte» denkt, sie habe gekocht. So geht man hier mit mir um!**

Nun sollen Sie aber auch was haben, wovon Sie eines Tages, wenn ich mal nicht mehr bin, sagen können: «Das habe ich von Renate Bergmann» – mein Rezept für Rouladen.

Sie müssen es aber in Ehren halten, ja? Es liegt mir nämlich sehr am Herzen.

Eines sage ich gleich vorneweg: Es kommen keine sauren Gurken mit dran! Man isst sowieso schon viel zu sauer, und alle jammern über Sodbrennen, da muss das nun wirklich nicht sein. Es übertüncht auch den schönen Fleischgeschmack, und das bei den Preisen heutzutage?! Da esse ich doch kein Fleisch, das nach Gemüse schmeckt! Nee, ich kann die Leute nicht verstehen, die Gurken an die Rouladen machen. Aber passen Se gut auf:

Für Rindsrouladen nimmt man schöne Scheiben aus der Oberschale. Kaufen Se das Fleisch am besten beim Fleischer, nicht in der Kaufhalle. Da sieht man nie, was die einem unterjubeln. Es muss aus der Oberschale sein und gut abgehangen. Fleisch aus der Keule wird trocken beim Braten, und wenn es nicht gut abgehangen ist, bleibt es zäh, da kann man braten, solange man will. Das wird Schuhsohle.

Das Fleisch wäscht man mit kaltem Wasser ab und tupft es gut trocken mit Küchenrolle. Dann wird es fein gewürzt mit Salz und Pfeffer. Anschließend streicht man scharfen Senf drauf und legt – je nach Größe der Roulade – vier oder fünf fingerbreite Streifen fetten Speck drauf. Es muss fetter Speck sein, kein Schinken von Schweinen, die auf Diät waren und nichts auf den Rippen hatten. Das ist wichtig für den Geschmack. Man muss ihn ja nicht mitessen, und selbst wenn, machen Se nach dem Essen einen schönen Verdauungsspaziergang, dann sind die paar Kalorien auch wieder weg. Zwischen die Speckstreifen kommen Zwiebelscheiben. Die müssen gar nicht so fein sein, das brät so schön weich, da muss man nicht so genau darauf achten. Man rollt die Fleischscheibe dann zu einer Roulade und schlägt dabei die Seiten ein. Entweder verschließt man alles mit einer Rouladenklammer, aber ich sage Ihnen gleich, dass es eine Strafarbeit ist, die Dinger wieder sauber zu kriegen. Ich nehme Zwirnsfaden und Zahnstocher. Damit haben wir Silvester 72 auch Ilses Bluse notdürftig zusammengeheftet, als sie den Unfall bei Limbo unterm Besenstiel hatte ... aber das ist ein anderes Thema.

Achten Sie aber bitte darauf, dass Sie den Zwirnsfaden nicht mitessen, Sie wissen ja, was Gertrud passiert ist ... und ... die Strippe verheddert sich auch im Smufiemacher.

Als Nächstes lässt man drei Löffel Öl in einer hohen Pfanne heiß werden. Derweil das Öl aufheizt, kann man gut den Tisch abwischen und die Schweinerei vom Fleischsaft und dem Senf wegwischen, das ist keine große Arbeit. Wenn man es gleich wegwischt und nicht antrocknen lässt, geht das mit einem Wisch. Eine gute Hausfrau denkt praktisch!

Die Rouladen brät man im nunmehr heißen Öl kräftig an, es darf ruhig dunkelbraun werden. Röstaromen bringen immer Geschmack. Wenn das Fleisch von allen Seiten schön Farbe genommen hat, gießen Se VORSICHTIG (!) mit Wasser auf. Aber Obacht, es spritzt, wenn man Wasser in heißes Fett gießt. Sind Se mir bitte nicht böse, wenn ich alles so genau aufschreibe, aber wenn ich sehe, wie sich die jungen Dinger heute anstellen, dann tut das not, glauben Se mir.

Man gießt also mit Wasser auf, vielleicht zwei Finger breit, sodass die Rouladen knapp bedeckt sind, und lässt alles mit Deckel auf kleiner Flamme vor sich hin simmern. Mindestens zwei, besser drei Stunden. Dabei wendet man die Rouladen alle halbe Stunde mal und prüft, ob nicht Wasser nachgegossen werden muss.

Nach drei Stunden sollte das Fleisch butterzart sein. Wenn nicht, hat man Ihnen zähen Ochsen angedreht, da ist nichts zu machen. Grämen Se sich nicht. Man setzt die fertigen Rouladen auf eine Platte, dickt die Soße mit Mehl oder Speisestärke an und schmeckt sie mit Salz und einem kleinen Schlag saurem Rahm ab.

Dazu empfehle ich Stampfkartoffeln und Rotkohl.

Aber wehe, Sie kaufen welchen aus dem Glas!

# Renate Bergmann
# Ich bin nicht süß, ich hab bloß Zucker

Eine Online-Omi sagt, wie's ist

«Deutschlands bekannteste Twitter-Omi» (Bild) hat Zucker und «Ossiporose», schläft unter einer Heizdecke und hat «den Krieg nicht überlebt, um Kunstfleisch aus Soja zu essen»: Renate Bergmann, 82, aus Berlin. Ihre Männer liegen in Berlin auf vier Friedhöfe verteilt, das Gießen dauert immer einen halben Tag. Und apropos tot, Renate und ihre beste Freundin Gertrud haben ein schönes Hobby: Die beiden suchen sich in der Zeitung eine nette Beerdigung raus, ziehen was Schwarzes an, und dann geht es los. Zwei alte Damen mehr oder weniger am Buffet – da schaut keiner so genau hin. Denn schließlich: «Die meisten denken, ich bin eine süße alte Omi. Aber ich kann auch anders.»

*224 Seiten*

### Renate Bergmann bei rororo

Das bisschen Hüfte, meine Güte

Ich bin nicht süß, ich hab bloß Zucker

Kennense noch Blümchenkaffee?

Über Topflappen freut sich ja jeder

Wer erbt, muss auch gießen

Das für dieses Buch verwendete Papier ist FSC®-zertifiziert.